Rotter/Schüle (Hrsg.)
Trotz allem. Frauen sagen ja zur Kirche

Margit Rotter / Rita Schüle (Hrsg.)

Trotz allem. Frauen sagen ja zur Kirche

echter

Die Deutsche Bibliothek – CIP-Einheitsaufnahme

Trotz allem, Frauen sagen ja zur Kirche / Margit Rotter ;
Rita Schüle (Hrsg.). – 2. Aufl. Würzburg : Echter, 1994
ISBN 3-429-01571-5
NE: Rotter, Margit [Hrsg.]

Mitglied der Verlagsgruppe »engagement«

2. Auflage

Umschlag: Uwe Jonath
Gesamtherstellung: Echter Würzburg,
Fränkische Gesellschaftsdruckerei und Verlag GmbH
ISBN 3-429-01571-5

Inhaltsverzeichnis

Vorwort

Kirche ist »out«. Immer mehr Menschen, insbesondere Frauen, kehren der (katholischen) Kirche den Rücken. Aber auch unter den Noch-Katholikinnen wächst das Gefühl der Entfremdung. Diese Aussagen werden durch eine Studie des Allensbacher Instituts für Demoskopie, die die Deutsche Bischofskonferenz in Auftrag gegeben hatte und die im Februar 1993 veröffentlicht wurde, bestätigt. Die Autoren dieser Studie kommen zu dem Ergebnis, daß viele Frauen in der katholischen Kirche den Eindruck haben, daß ihre Kirche die Lebenssituation heutiger Frauen nicht wahrnimmt. Der Anteil der Katholikinnen mit einer sehr engen Beziehung zur Kirche hat sich zwischen 1982 und 1992 von 40 auf 25 Prozent verringert. Bei den 30- bis 44jährigen sind es lediglich 17 Prozent, die sich von der Kirche in ihren Anliegen und Problemen verstanden fühlen.

Was sind das für Frauen, die angesichts dieser Situation – wider den »Zeitgeist« und trotz schmerzlicher Erfahrungen – dennoch an der Kirche festhalten? Wo sind die Quellen für ihr Engagement? Was ist es, das sie letztlich – »trotz allem« – ja zur Kirche sagen läßt?

Diese und ähnliche Gedanken waren Anstoß für dieses Buch. In 24 Beiträgen geben Frauen, die sich (noch) mit der katholischen Kirche verbunden fühlen, mehr oder weniger einen Platz in ihr haben, Antworten auf diese Fragen. Sie tun dies kritisch, selbstbewußt, aber auch vorsichtig sich herantastend, stets jedoch auf sehr persönliche Weise vor dem Hintergrund ihrer jeweiligen Lebens- und Glaubensgeschichte. Der Bogen spannt sich von der jungen Frau mit »hennaroten Haaren« bis zur kontemplativen Zisterzienserin. Nicht alle können »gut-katholische« Biographien vorweisen, und gerade sie haben es in unserer Kirche besonders schwer. Aber jede Frau hat ihren

ganz eigenen Weg mit Gott und Kirche. Jeder Beitrag ist eine kleine »Kirchen-Geschichte«, in der es sich zu lesen lohnt.
Sicher hätte sich die eine oder andere leichter getan, einfach ihren Unmut von der Seele zu schreiben. Wenn in unserem Buch das Ja zur Kirche im Vordergrund steht, dann deshalb, weil wir Mut machen wollen: Mut den Frauen, die (noch) zur Kirche gehören, Mut den Frauen, die am Rande stehen und suchen, und Mut auch *allen* Frauen und Männern, die für die Kirche Verantwortung tragen. Es wäre aber falsch, die Augen vor der Realität zu verschließen. Wir wollen nicht zudecken oder verzukkern, sondern auch sagen, wo es uns schwerfällt in und mit unserer Kirche.
Wir wünschen, daß die Zeugnisse der Frauen mit dazu beitragen, Vorurteile und Ängste in unserer Kirche abzubauen. Unsere Zeit ist reif dafür, daß wir damit beginnen, einander zu erzählen, was uns zweifeln und fragen, aber auch glauben, hoffen und lieben läßt.
Unser herzlicher Dank gilt allen Autorinnen, dem Echter Verlag, der dieses Buch ermöglichte, und dessen Lektor, Herrn Heribert Handwerk.

im Dezember 1993

Margit Rotter
Rita Schüle

Silvia Becker, Dr. phil., geb. 1958 in Aachen, verheiratet, lebt in Düsseldorf. Studium der Philosophie und der Theologie von 1977 bis 1983 in Aachen. Nach der Promotion 1987 tätig als Bildungsreferentin bei der Katholischen Frauengemeinschaft Deutschlands (kfd), Diözesanverband München und Freising. Nebenberuflich journalistische Tätigkeit für den »Münchner Merkur«, für katholische Zeitschriften, vor allem »Frau & Mutter«. Seit 1991 Redakteurin (»Die Mitarbeiterin«). Diverse Buch-Publikationen. Mitglied in verschiedenen kirchlichen und publizistischen Verbänden und in einer überregionalen Frauengruppe.

Keine aufwühlende Liebesgeschichte – eine Vernunftehe

»Und sprich nur ein Wort, so wird meine Seele gesund.« Wenn ich mich an die Anfänge meiner Geschichte mit der Kirche erinnere, so sehe ich mich als Zweieinhalbjährige in der dunklen, blankpolierten Kirchenbank knien und lautstark diesen Satz heraustrompeten, bis sich die ganze Vorderreihe – peinlichst berührt – umdreht. Es ist der einzige liturgische Satz, den ich fehlerfrei beherrsche, und darauf bin ich stolz. Irgendwie mag ich ihn auch heute noch, spreche ihn ab und zu abends beim Beten, wenn der

Tag besonders schwierig und ungeordnet war und mir die rechten Worte fehlen.

Obwohl meine Eltern – etwa bis zur Einschulung – mit meiner Zwillingsschwester und mir regelmäßig den Gottesdienst besuchten, kann ich meine Erziehung nicht als kirchlich oder gar als »gut katholisch« bezeichnen. Aus einem diffusen Pflichtgefühl heraus führte man uns in die Kirche, las wohl auch gelegentlich Szenen aus der Kinderbibel vor. Ich erinnere mich auch an die winzigen Mai-Altärchen, die wir Kinder jedes Jahr mit unseren Bauklötzen errichteten und zärtlich mit frischgewaschenen Taschentüchern und Gänseblümchen vom Hof schmückten. Im Alter von sechs, sieben Jahren aber brach dies alles allmählich ab – die Gottesdienstbesuche in St. Michael, die Tischgebete, irgendwann auch das Gute-Nacht-Gebet. Wir Kinder fragten nicht nach. Wahrscheinlich spürten wir in unserem Innersten, daß dies alles weitgehend nur »für uns« geschehen war, und so schwiegen wir diskret.

Langsam und unaufhaltsam begann es mir auch zu dämmern, daß mein Papa die Kirche nicht eben als die Institution erlebt hatte, die »die Seele gesund macht«. Immer wieder erzählte er seinen fassungslos staunenden Töchtern, wie er als Elfjähriger – ausgelöst durch Krieg und Zerstörung – das Elternhaus für sechs Jahre verlassen mußte, bei wildfremden Menschen in Sachsen lebte, während seine Mutter beim gutsituierten Bruder, »beim Onkel Pastor«, sicheren Unterschlupf fand. In all den Jahren durfte er sie nicht ein einziges Mal besuchen, geschweige denn zu ihr ziehen. Die einzige Erklärung: »Ein Kind gehört nicht ins Pfarrhaus.« Statt dessen schrieb »Onkel Pastor«, wie Papa uns mit seltsam erstarrtem Gesicht erzählte, einmal jährlich zur Weihnachtszeit einen frömmelnden Brief, man möge den Jungen – bitteschön – streng katholisch erziehen. Die »Pflegeeltern« waren evangelisch.

Papa kannte noch viele andere ähnlich traurige Geschichten, die die Kirche als gnadenlos heuchlerische Institution entlarvten. Diese Geschichten – sie haben mich tiefer geprägt als die naivbunte Kinderbibel – hatten nur einen einzigen Nachteil: Es waren wahre Geschichten. Sie erfüllten schon das Kindergartenkind mit unendlichem Mitleid und dem hilflosen Wunsch, Papa eines Tages einmal zu beweisen, daß Kirche auch ganz anders sein könne.

Um es kurz zu machen: Die Voraussetzungen zu einem fröhlichen, unbekümmerten Ja zur Kirche waren nicht eben günstig. Und dennoch stand dieses Ja immer schon – unausgesprochen und unableitbar – im Raum, auch wenn es noch viele Jahre dauern sollte, bis ich es intellektuell einholen konnte. Für mich aber war gerade dies »lebensnotwendig«. Wahrscheinlich verbirgt sich hier der tiefste Grund, warum ich als Fünfzehnjährige anfing, philosophische Bücher zu lesen und nach dem Abitur Philosophie und Theologie studierte, wobei ich mich intensiv – bis in die Dissertation hinein – mit atheistischem Gedankengut auseinandersetzte.

Ich mußte und wollte einfach lernen, »die Sache mit Gott« nüchtern und distanziert anzuschauen, wollte nicht in den »Fehler« verfallen, meiner Sehnsucht nach einem liebenden, treuen Gott blind zu folgen, die sich ab dem zwölften Lebensjahr so hartnäckig zu melden begann. Ich habe dieser Sehnsucht – den Kopf voller Warnungen und Vorbehalte – sehr lange mißtraut, habe eigentlich erst ab dem dreißigsten Lebensjahr gewagt, mir eine persönliche, auch emotional geprägte Beziehung zu Gott »zu gestatten«. Geblieben aber ist eine starke Abwehr gegenüber allen Versuchen, Religion zur persönlichen Bedürfnisbefriedigung einzusetzen: eine Tendenz, die sich heute – im Zeitalter diffuser Esoterik – immer stärker und unreflektierter breitmacht.

Wie also kam es zu meinem Ja zur Kirche? Offen gestanden hat sich diese Frage so nie gestellt. Die Grundentscheidung meines Lebens war das *Ja zu Gott*: dem »unbewegten Beweger« (Aristoteles), dem »ens entissimum« (Anselm von Canterbury), der »regulativen Idee der reinen Vernunft«, dem »sittlichen Postulat« (Kant). Der spröde Gott der Philosophen war der Begleiter meiner Jugendjahre. Ihm konnte ich mich leichter annähern als der emotionsbeladenen Gestalt Jesu Christi. Viel später erst entwickelte ich ein inneres Gespür für die Person Jesu – nachdem ich zunächst, über die Jahre des Studiums hinweg, einen überwiegend wissenschaftlichen Weg zu ihm gesucht hatte. Dieser Weg trug für mich den Namen »Neutestamentliche Exegese«, und ich bin ihn – aller Rationalität und gedanklichen Strenge zum Trotz – mit Leidenschaft gegangen. Heute glaube ich, daß er mir eine willkommene Möglichkeit bot, mich mit der Person Jesu auseinanderzusetzen, ohne dabei die Sehnsucht meines Herzens preiszugeben – eine Sehnsucht, die ich mir nur schwer eingestehen konnte. Das Mißtrauen meiner Kinderjahre war nicht ohne Folgen geblieben.

So war mein *Ja zur Kirche* letztlich eine Konsequenz aus dem sich entwickelnden *Ja zu Jesus Christus*. Kirche – darunter verstehe ich die mit Fehlern und Sünden beladene Gemeinschaft derer, die Jesus nachfolgen wollen; eine Gemeinschaft, die sich ständig reformieren soll und muß, zu der es aber – bei allen ärgerlichen Verkrustungen – keine Alternative gibt. Glaube ohne »Volk Gottes«, ohne Gemeinschaft, ohne Weggefährten und Ansprechpartner, die mir vielleicht in der einen oder anderen Frage einen Schritt voraus sind, an deren Glauben ich mich in Krisensituationen auch einmal festhalten kann: das wäre für mich schwer vorstellbar, würde mich schlicht überfordern. Um es einmal bildlich auszudrücken: Meine Beziehung zur Kirche war und ist keine aufwühlende Liebesgeschichte, sondern sie gleicht eher einer ruhigen Vernunftehe, die den Rahmen für meine gar nicht so ruhige Beziehung zu Christus abgibt.

Natürlich ist mein Ja zur Kirche kein Produkt einsichtigen Nachdenkens allein, sondern zugleich das Ergebnis vielfältiger Erfahrungen: guter und weniger guter, widersprüchlicher und in sich stimmiger.
Eine eher zwiespältige Erfahrung heißt Frau R.; sie ist meine Religionslehrerin am Gymnasium und zugleich die erste Frau, die mir als Repräsentantin der Kirche begegnet. Leider steht die Begegnung unter keinem guten Stern. Frau R. – eher jung an Jahren und dennoch ein ältlicher Typ – möchte bemüht progressiv sein. Zu diesem Zweck trägt sie ihre Gitarre bei sich, und es vergeht kaum eine Stunde, in der sie nicht einen ihrer religiösen Songs zum besten gibt: Immer, wenn's fromm wird, formt sie ihren Mund kräuselig-spitzig, und das süßliche Vibrato ihrer Stimme gewinnt bedenklich an Spannbreite. Damals habe ich mir geschworen, nie ... niemals ... eine fromme Frau zu werden.
Ernstlich zu schaffen aber machen mir ihre Bibelauslegungen. Heute noch spüre ich die wilde Empörung in mir aufsteigen, wenn ich bei kleinen Prüfungen biblische Geschichte nach ihrer Version erzählen muß – die einzige Version, die sie akzeptiert. Dabei kommt es ihr vor allem darauf an, die Heilungen Jesu nicht als körperliches Geschehen zu verstehen, sondern rein innerpsychisch zu deuten. So sehe ich mich denn in meinem von der Mutter selbstgeschneiderten Sommerkleid neben der Bank stehen und mit Todesverachtung erzählen, daß der von Jesus geheilte Blinde nicht wirklich blind war, sondern nur unfähig, die Not seiner Mitmenschen wahrzunehmen und daß Jesus insofern nur ... und so weiter ... und so weiter. Leider bringe ich als Zehn-, Elfjährige nicht den Mut auf, ihr ehrlich ins Gesicht zu schreien, daß der von Jesus geheilte Blinde natürlich »echt« blind gewesen ist, daß Jesus die Menschen »wirklich« geheilt hat, auch das lahme Bein, den stinkenden Aussatz und nicht »nur« die verkorkste Seele; und daß ich mir meinen Jesus von ihr nicht kaputt-

machen lassen will. Dennoch ist wohl einiges bei diesem Unterricht zu Bruch gegangen, vor allem das Vertrauen, mit dem ich bis dahin Erwachsenen begegnet bin. In Zukunft, so nehme ich mir vor, werde ich alles selbst prüfen müssen.

Wie anders gestaltet sich da doch die Welt des Studiums, die ich als faszinierenden Ausbruch aus der Enge und Spießigkeit meines Schülerinnendaseins empfinde! Ich werde – gleichsam über Nacht – ernst genommen, als erwachsener Mensch behandelt, meine Argumente zählen, meine Fragen sind erwünscht. Daß meine Theologieprofessoren allesamt Männer sind (in der Philosophie ist es übrigens keinen Deut besser), Theologie ausschließlich von Priestern gelehrt wird, vermag mich zu diesem Zeitpunkt noch nicht zu erschüttern. Ganz selbstverständlich wachse ich in eine von Männern geprägte Kirche hinein, ohne dies selbst wahrzunehmen oder zu hinterfragen. Dies mag auch daran liegen, daß ich mich in der Welt der Universität als Frau nicht wirklich diskriminiert fühle, für meine Promotion in Philosophie gar ins Cusanuswerk, die Studienförderung der Deutschen Bischöfe, aufgenommen werde.

Ungleichheiten zwischen Männern und Frauen in der Kirche erfahre ich erst später – etwa bei der Stellensuche, wo sich die Tendenz zeigt, theologisch ausgebildete Frauen (wenn überhaupt!) vor allem in der kirchlichen Frauenarbeit einzusetzen. Auch wenn mir Frauenarbeit sehr am Herzen liegt, frage ich mich doch manchmal, ob sie nicht auch ein willkommenes Mittel darstellt, Fachfrauen von den Zentren kirchlicher Macht und kirchlichen Einflusses auszuschließen. Bei allen Erfolgen wird man sehr darauf achten müssen, daß sich kirchliche Frauenarbeit nicht zum Ghetto entwickelt, in dem intelligente, theologisch kompetente und vielleicht auch unbequeme Frauen »sichergestellt« werden.

Je älter ich werde, um so stärker beginne ich, die Angst

der Kirche, genauer gesagt: ihrer offiziellen Vertreter, vor Frauen zu spüren. Die Verunsicherung, manchmal sogar Abwehr, vieler (natürlich nicht aller) Kleriker ist unübersehbar, wenn sie – über bloße Volkstümlichkeiten hinaus – mit einer Frau zu tun bekommen. Das kränkt bisweilen und macht es nicht eben leicht, unbefangen und offen immer wieder ja zu dieser Kirche zu sagen. Viele Amtsträger scheinen auch heute noch in einer Art »Einbahnstraße« zu denken: Der Laie, besonders die Laiin, befindet sich demnach grundsätzlich in der Rolle der zu Beratenden, Belehrenden und der Priester in der Rolle des weisen Ratgebers und Lehrers. Je jünger ich war, desto stimmiger gestaltete sich dieses Verhältnis. Je älter ich aber werde, um so stärker spüre ich, daß diese Rollenverteilung immer weniger trägt. Heute bin ich fest davon überzeugt: Jeder Mensch, ob Priester oder Laie, lebt sowohl in der Rolle des Ratsuchenden wie auch in der des Ratgebenden. Es darf unter Christinnen und Christen keine Einbahnstraßen geben, sondern nur Wechselverhältnisse, in denen Menschen ihre Erfahrungen, ihr Wissen und ihre Ratlosigkeiten aufrichtig miteinander teilen. Gerade dies aber scheint viele Priester zu ängstigen, sie in ihrer Rolle, in ihrem Selbstverständnis, tief zu verunsichern.

Das ist verständlich. Auch ich habe lange gebraucht, um eigene unfruchtbare »Priesterzentrierungen« zu überwinden. Immer wieder glaubte ich, es müsse doch jemanden geben, der mir die Schwere und oft auch die Not der Frage nach Gott abnehmen würde, der meine bohrenden Zweifel und Fragen verstummen und mich an der unumstößlichen Sicherheit seines Glaubens teilhaben ließe. Heute weiß ich, daß dies eine Illusion ist, eine ziemlich kindliche dazu. Wie jeder Mensch stehe auch ich einsam vor der Gottes- und Sinnfrage – zwar getragen und begleitet von der Gemeinschaft der Kirche, aber dennoch letztlich allein. Die Kirche hilft mir, diese Einsamkeiten des Glaubens (und Unglaubens) durchzustehen, sie mit anderen Suchenden zu teilen und vielleicht sogar zu überwinden – aber sie hebt sie nicht einfach auf.

Dennoch enttäuscht es mich, wie wenig ich von dieser »unaufdringlichen gegenseitigen Begleitung« in den Pfarrgemeinden vor Ort erfahre. Viel häufiger erlebe ich sie in kirchlichen Gruppen und Institutionen, die weitgehend unabhängig von der Kirche vor Ort oder an den Rändern der Pfarrgemeinde existieren: in meiner kleinen Frauengruppe, im Cusanuswerk, im beruflichen Umfeld, in Klöstern oder Exerzitienhäusern, in Einzelbegegnungen. Ob dies wohl daran liegt, daß sich die Regionalgemeinden immer noch stark auf die »Normalfamilie« – Vater, Mutter, Kind – hin ausrichten? Mein evangelischer Ehemann, mehr noch unsere Kinderlosigkeit, passen da wohl nicht ins Bild. In fast allen Gemeinden, in denen wir bisher lebten, fielen wir durch unsere Lebenskonstellation durch alle Netze der gängigen Familienkreise und pfarrlichen Aktivitäten hindurch. Und ich kenne zahllose Frauen, darunter auffallend viele Theologinnen, denen es ganz ähnlich ergeht. Es genügt eben nicht, daß Frauen ihr Ja zur Kirche sprechen, sondern sie sind darauf angewiesen, daß auch die Kirche ihr Ja zu ihnen spricht – und zwar unabhängig von ihrem Familienstand und ihrer Lebensform.

So ist es also mehr die »Kirche im kleinen«, in der ich meinen Platz gefunden habe. Was bedeutet das konkret? Zunächst einmal fallen mir dabei Gesichter ein: Hanni und Ali, ein mittlerweile verstorbenes Ehepaar, sie Jüdin, er evangelischer Christ ohne Kirchenbezug, dafür aber mit ausgeprägtem Hang zum Buddhismus, die über viele Umwege, Wirrungen und Schicksalsschläge (ausgerechnet in Rom) zur katholischen Kirche fanden. Als ich ihnen als junges Mädchen begegnete, waren sie schon alt. Aber für mich bedeuteten sie den Inbegriff glaubhaft gelebten Christentums. Wenn ich sie in London besuchte, wohin sie in den dreißiger Jahren geflohen waren, dann wurde etwas von der Weite, Großzügigkeit und Gelassenheit lebendig, die das Wesen des Christentums ausmachen und die dennoch so selten zu finden sind. Und wenn mich als junge Studentin wieder einmal meine Glaubenszweifel packten, in meinem Kopf alle Argumente pro und contra Karussell fuhren, dann waren die beiden meine letzte innere Zuflucht. Leise sprach ich in meine eigenen Abgründe hinein: »Aber Hanni und Ali, die glauben doch auch ...«, und langsam lichtete sich das Dunkel. Ich bin fest davon überzeugt, daß jeder Mensch Phasen der Anfechtung durchlebt, in denen keine guten Argumente mehr helfen, sondern nur noch das Sich-Festhalten am Glauben eines anderen. Meines Erachtens handelt es sich dabei um eine tiefe Erfahrung von Kirche.

Mir fallen aber auch noch viele andere Menschen ein, die mich in meiner persönlichen »Kirchengeschichte« ermutigen: etwa eine Reihe von Frauen, zumeist auf dem Lande lebend, die ich in meiner Zeit als Bildungsreferentin in der Münchner Diözese kennenlernte und die in einer zupackenden Selbstverständlichkeit ihr Christsein lebten – im selbstvergessenen Dasein für andere – daß ich oft fassungslos, manchmal sogar beschämt, danebenstand. Wie schade, daß gerade solche Frauen zumeist unsichtbar bleiben, von der kirchlichen Hierarchie kaum wahrgenommen werden.

Schließlich möchte ich bei meinem Ja zur Kirche die Ignatianischen Exerzitien nicht verschweigen, die ich in bestimmten Zeitabständen mache und auf die ich vor etwa fünf Jahren zufällig durch das Cusanuswerk gestoßen bin. Ich sehe mich noch im Benediktinerkloster Münsterschwarzach auf der hölzernen Eckbank beim Abendessen sitzen, zusammen mit einer kleinen Gruppe und dem Exerzitienbegleiter, einem Jesuiten. Fassungslos höre ich, daß Einzelexerzitien gegeben werden sollen, mit Schweigen, Stille, Alleinsein. Man hatte bei der Ausschreibung den entsprechenden Vermerk vergessen. Und ich war doch aus rein geselligen Gründen angereist: einige interessante Vorträge hören, mit netten Leuten zusammensein, alte Freunde wiedertreffen. Schließlich bin ich dann doch nicht – wie es mir in meiner ersten Enttäuschung durch den Kopf schoß – abgereist, sondern habe mich dem »Experiment« gestellt.

Heute weiß ich, daß diese Tage einen Wendepunkt in meinem Leben bedeuteten, daß ich nicht versehentlich, sondern schicksalhaft dort »hineingeraten« war. Ich erfuhr in dieser kurzen Zeit von nur vier Tagen wie im Zeitraffer (oder war es nicht vielmehr so, als hätte die Zeit ihren Atem angehalten?), daß es eben nicht nur das Nachdenken über Gott gibt, die intellektuelle Auseinandersetzung, sondern auch die lebendige Begegnung mit ihm und die innere Beziehung zur Person Jesu. Ich begann zu fühlen, wieviel Mut es mich kostete, allein vor Gott dazusein, vor seiner Berührung und Nähe nicht davonzulaufen und in theoretische Erörterungen zu fliehen. Seit diesen Tagen ist nichts mehr so wie früher. Die Welt und das Leben sind nicht einfacher geworden, nicht leichter, aber verwandelt. Auch jetzt gehe ich meinen Lebensweg nicht immer mutig, konsequent und voller Gottvertrauen, aber doch in geheimnisvoller Weise geführt.

BEATE BECKMANN, geb. 1966 in Hildesheim, lebt in Dresden und in Ravensburg. Studium der Anglistik, Kath. Theologie, Mathematik, Philosophie/Ethik in München, Freiburg, Weingarten (Württemberg) von 1985 bis 1993; arbeitet als wissenschaftliche Hilfskraft am Lehrstuhl für Religionsphilosophie der TU Dresden; engagiert in der Kath. Laiengemeinschaft »Immanuel Ravensburg e. V.«.

Wer bietet mehr als Langeweile?

Wo bleibt er denn? Wir sind verabredet. Wenn Bodo nicht gleich kommt, gehe ich wieder. Aber eigentlich hätte mich doch mal interessiert, wie so ein Gebetskreis abläuft. Also suche ich mir den Weg selbst in den Keller des Wohnheims. Ein katholischer, ökumenischer Kreis ist es, aber anders als alles, was ich während meiner Jugendzeit in dieser Hinsicht erlebt habe. Lieder werden gesungen, in denen Jesus Christus auf mitreißende und doch irgendwie ehrfurchtsvolle Weise gelobt wird. Es wird gedankt für Jesu Erlösungstat am Kreuz. Puh, so genau habe ich darüber noch nie nachgedacht. Und jetzt sprechen die Leute ganz normal mit Gott, als sei er direkt im Raum. Es heißt ja: »Wo zwei oder drei in meinem Namen beisammen sind, da bin ich mitten unter ihnen.« Still für mich bete ich eigentlich auch in der Art wie diese sechs, sieben Studenten hier; aber laut, vor allen? Und ihnen ist das gar nicht peinlich. Sie rechtfertigen sich gar nicht dafür, so naiv mit Gott zu reden. Ist es vielleicht so, wenn man als »Kind Gottes« lebt?

Diese und ähnliche Gedanken gingen mir durch den Kopf (und das Herz), nachdem ich zu Anfang meines Theologiestudiums durch eine U-Bahn-Bekanntschaft auf einen katholischen Gebetskreis gestoßen war. Herausgerissen aus der frommen Umgebung daheim, war mein Glaube im Großstadtleben auch durch das wissenschaftliche Arbeiten erschüttert worden. Was glaubte ich eigentlich wirklich und was war nur aufgesetzt? Und wo konnte ich gelebte Antworten finden? Wo waren junge, lebendige Leute, denen bei allem Engagement in der Kirche das Gebet wichtig ist? Waren alle Christen langweilig oder lebensfeindlich?

Nun, dieser Gebetskreis war für mich die Antwort auf meine Fragen. Schick angezogene Leute, die mitten im Leben standen und sich trotzdem mit Gott beschäftigten. Sie sagten sogar, daß er die Mitte ihres Lebens sei, daß das Leben mit ihm spannend und erfüllend sei. Ich fand es in ihren offenen Gesichtern, in ihrem Leben bestätigt. Genau das wünschte ich mir auch. Nicht länger Zuschauer sein, nicht länger nur mitzumachen bei dem, was der »Mann im Zaubermantel« vormacht.

In einer Art Tauferneuerung fällte ich nun selbst die Entscheidung, Jesus Christus Herr über mein Leben sein zu lassen. Ich verstand und erlebte, daß Gott an mir persönlich interessiert ist, daß seine Liebe nicht nur für die hungernden Kinder in Afrika reicht, sondern sogar für mich. Es ging ihm nicht um meine Sonntagsopfer, sondern um meinen Alltag. Das hieß plötzlich auch nicht mehr, daß ich automatisch Nonne werden müßte, wie ich bisher gemeint hatte. Nein, mitten im Leben, beim gemütlichen Bier in der Studentenkneipe wie im Sonntagsgottesdienst,

in der U-Bahn genau wie im Gebetskreis, überall ist er dabei. Meine Beziehungen zu Menschen, auch zu meinen Eltern, veränderten sich. Mir wurde bewußt, daß mich Bitterkeit und innere Verletzungen gehindert hatten, Menschen frei und offen zu begegnen. Hier erfuhr ich die Kraft des Heiligen Geistes durch das Gebet; unter meinen neuen Glaubensgeschwistern wagte ich es, offen für meine Anliegen beten zu lassen. Der Zuspruch und der Glaube der anderen, die nicht »Berufs-Gläubige« waren, stärkte mein Vertrauen in Jesus Christus.
Einen ganz neuen Bezug gewann ich auch zur Eucharistiefeier als Begegnung mit dem auferstandenen Christus. Die Priester, gegen deren Macht und Unnahbarkeit ich im Herzen immer wieder rebelliert hatte, sah ich nun aus einem anderen Blickwinkel. Unvorstellbar, aber ich erlebte, wie das allgemeine Priestertum verwirklicht sein kann. Gerade durch die Frauen unserer Gebetsgruppe wurde der Glaube für mich in vielen Seelsorge-Gesprächen lebendig. Den Zusammenhang zwischen dem persönlichen Heil und innerer als auch äußerer Heilung lernte ich durch diese Frauen kennen.
Vor Gott sind Männer und Frauen gleichwertig, das war mir schon klar. Mit hennaroten Haaren hatte ich bislang meine Zugehörigkeit zur »Emma-Szene« bekundet und gegen patriarchale Machtstrukturen demonstriert. *Versöhnung* zwischen den Geschlechtern war ein Kapitel, das ich jetzt in der Beziehung zu Jesus Christus neu lernen durfte: Ergänzung statt Konkurrenz. Nun erlebte ich es, wie in einem lebendigen Gebetskreis verschiedene Gaben sowohl auf Männer als auf Frauen verteilt waren. Der Lobpreisleiter und die Gebetskreisleiterin schienen Macht zu haben, mich zu manipulieren. Und doch spürte ich, wie sie unser Vertrauen nicht ausnützten, sondern ihren Leitungsdienst als von Gott verliehen verstanden und zu unserem Dienst einsetzten.
Immer mehr begreife ich, daß verantwortlich ausgeübte

Autorität, im Sinne von »augere« – »vermehren« verstanden, nicht gegen mich gerichtet ist, sondern mir im tiefsten dient. Das zu behaupten ist mir als Deutsche und gerade auch als Frau fast peinlich, aber durch das intensiver werdende Vertrauen zu Gott wächst auch meine reflektierte Gelassenheit gegenüber der Amtskirche und meinen Gebetsgruppenleitern. Nicht, daß ich nicht mitdenken wollte und bräuchte. Vielmehr spüre ich, daß ich nicht alles selbst in die Hand nehmen muß.
Andererseits wurde und werde ich durch die Beziehung zu Gott immer eigenständiger, so daß ich inzwischen selbst einen kleinen, sich regelmäßig treffenden Kreis junger Christen leite. Durch die Möglichkeit der Versöhnung, nicht der Beschönigung, ist auch nach Enttäuschungen und nach Fehlern ein Neuanfang möglich. Diese Erfahrung gibt mir immer neue Kraft und Hoffnung, gerade auch für unsere Kirche.
In den letzten Jahren erfuhr ich immer stärker, wie in der Kirche nicht nur bergende Gemeinschaft möglich ist, sondern welche Fülle an Antworten auf der Suche nach Wahrheit in der Tradition der Kirche zu finden ist. Wie ist das Verhältnis zwischen Gott und Mensch, zwischen Gott und Welt, zwischen Glaube und Vernunft zu denken? Die Liebe zur Wahrheit, zur lebendigen Wahrheit, die in Jesus Christus personifiziert ist, hat meine Gottesbeziehung gerade auch auf der Vernunftebene gestärkt. Die Spannung zwischen Spiritualismus und Rationalismus, zwischen Weltfremdheit und Weltergebenheit, zwischen Mystik und Aktivismus ist immer neu auszuhalten und auszuloten. In dieser Spannung stehen gerade auch die charismatischen Erfahrungen, die immer wieder einer Korrektur durch die Heilige Schrift und die Tradition der Kirche bedürfen. Andererseits braucht die Kirche prophetische Gemeinschaften, in denen das Zentrum der Kirche, Jesus Christus, lebendig und sichtbar ist. Wie soll da das Leben als Christ in unserer Kirche langweilig sein?

CHRISTA BRÜCKNER, geb. 1947 in Memmingen, verheiratet, zwei Kinder, lebt in München. Studium der Germanistik und Anglistik fürs Lehramt an Realschulen 1967 bis 1972, ein Jahr England 1969/1970; Ausbildung zur analytischen Kinder- und Jugendlichenpsychotherapeutin 1978 bis 1987; arbeitet in freier Praxis. Konversion Dezember 1977.

»Hirten« – »Schafe«? – Nein danke!

Bin ich von gestern, wenn ich ja zur Kirche sage? Ich sage ja zu meinem Glauben, ja auch zu unserer Gemeinde – beim Ja zur Kirche finde ich in meinem Kopf erst einmal viele Fragezeichen. Das Unbehagen an der Kirche hat seine Spuren hinterlassen. Ich bin in dieser Kirche, also gibt es ein Ja – aber ist dies ein echtes Ja oder ein aus Bequemlichkeit, Gewohnheit oder Verlustangst unterbliebenes Nein?
Vor sechzehn Jahren bin ich in diese Kirche eingetreten, als erwachsene Frau und Mutter zweier Kinder. Mein Mann ist katholisch, die Kinder wurden katholisch getauft. Meine kirchliche Sozialisation fand im evangelischen Bereich statt und war nach einer autoritär-konservativen Kinderfrömmigkeit eher von einer lockeren Unverbindlichkeit geprägt. Meine Eltern (Mutter evange-

lisch, Stiefvater katholisch) lebten in einer sogenannten »Mischehe«, Glaubensthemen waren emotional belastet und daher tabuisiert. Der evangelische Religionsunterricht, an dem ich bis zum Abitur 1967 teilnahm, trug aufgrund seiner Rigidität und Phantasielosigkeit, die an den Bedürfnissen der Adoleszenz achtlos vorbeiging, kräftig zum Desinteresse am religiösen Leben bei.
Während meines Studiums und durch meine Ehe kam ich in Kontakt mit praktizierenden Katholiken, die mich überzeugten, darunter vor allem einem Ordenspriester und väterlichen Freund meines Mannes, der mich durch seine lebenspraktische und unkonventionelle Art beeindruckte. Er ermutigte mich, mich mit religiösen Fragestellungen auseinanderzusetzen, indem er meine Skepsis ernst nahm, meine nicht immer differenzierten Attacken aushielt und da, wo es sachlich möglich war, ernsthaft darauf antwortete. Allmählich vollzog sich so in mir ein Wandel in der Einschätzung von Glauben: aus dem trüben Nebel abgehobener, weltfremder, von Emotionen überfrachteter Frömmelei und insuffizierender Welterklärungsversuche kristallisierte sich die Vorstellung eines »Antriebs« heraus, einer »Motivationsquelle«, die Menschen befähigt, sich mit ihrem Alltag, ihren Mitmenschen und Aufgaben in engagierter Weise zu befassen, ohne sich selbst dabei aufzugeben oder aus den Augen zu verlieren.
Jetzt sollte ich vielleicht einen Augenblick innehalten, um auf meine oben erwähnte evangelische Sozialisation kurz zurückzublicken. Was ich hier schreibe, ist kein Vorwurf an die damalige evangelische Kirche an meinem Heimatort. Es hat sie sicher auch gegeben, die lebendigeren, jugendgemäßeren Seiten, und ich denke, es war vor allem mein persönliches Schicksal, das es mir damals nicht ermöglicht hat, mir das zu suchen, was ich brauchte und bei einer anders verlaufenen persönlichen Entwicklung vielleicht gefunden hätte. Ich war – nach dem frühen Tod meines Vaters und der (katholischen) Wiederverheiratung

meiner Mutter, als ich neun Jahre alt war – trotz bester äußerer Bedingungen doch in manchen Bereichen heimatlos geworden. In gewisser Weise war ich aus der einen Religion »herausgefallen«, ohne in die andere hineinzupassen. Von heute aus zurückblickend, glaube ich, daß meine desinteressierte und später eher mißtrauisch-ablehnende Haltung religiösen Themen gegenüber zumindest teilweise die Kehrseite einer enttäuschten Sehnsucht nach Geborgenheit war.

Vor diesem Hintergrund könnte man meine Konversion als mehr oder weniger neurotischen Akt – die Suche nach mütterlicher Geborgenheit oder väterlicher Autorität – verstehen und damit auch mißverstehen. Doch so ganz unbewußt verlief der Entscheidungsprozeß, der sich immerhin über fast sieben Jahre hinzog, nicht. Ich erinnere mich, lange darüber nachgedacht zu haben, wieviel Freiheit ich mit dem Eintritt in die katholische Kirche möglicherweise aufgeben würde, denn ich konnte die warnenden Stimmen sowohl evangelischer als auch nicht kirchlich gebundener Freunde gar nicht überhören. Andererseits wollte ich mich engagieren, es war mir inzwischen auch wichtig geworden, teilzunehmen an den Ritualen des Glaubens, die man sich ja nur durch Tun in der Tiefenschicht ihrer Bedeutung wirklich aneignen kann. Ich kannte mich inzwischen gut genug, um zu wissen, daß ich dabei auch die anderen und einen festen Rahmen brauchte. Vielleicht war ich auch ernster geworden, durch den Wunsch nach Kindern und die damit verbundenen Erfahrungen von Geburt und Tod, aber auch von wider Erwarten geschenktem Leben. Unsere Kinder wurden katholisch getauft, und für mich war klar, daß ich – wenn ich mich für eine Beziehung zur Kirche entschließen würde – diese zusammen mit meinem Mann und zusammen mit den Kindern leben wollte.

Nach einem lebendigen, anregenden und mich als erwachsenen Menschen akzeptierenden Konvertitenunter-

richt trat ich in die katholische Kirche ein. Es dauerte dann aber lange, bis wir von unserem bejahten, aber doch eher passiv und privat gelebten Glauben – mal eine Messe hier, mal ein Besuch in Ettal, mal ein Gespräch mit unserem Priesterfreund – eher durch »Zufall« in unsere heutige Gemeinde gelangten. Hier fanden wir ein offenes, kritisches und gegenwartsbezogenes Gemeindeleben vor, das uns zunächst einfach ein Gefühl des Angekommen-Seins vermittelte, später dann auch den Wunsch nach aktiver Teilnahme wachsen ließ. Mein Mann wurde Lektor und engagierte sich in der Pax-Christi-Gruppe, ich bereitete Kommunion- und Firmgruppen unserer Kinder mit vor, war längere Zeit im sogenannten »Kontaktausschuß Jugend und Erwachsene« und gehe zu angebotenen Seminaren und Gesprächsrunden, wenn es meine Doppelrolle als Hausfrau und Berufstätige zeitlich erlaubt. Gemeinsam nehmen mein Mann und ich am monatlichen Bibelgespräch der Pax-Christi-Gruppe teil, einer Auseinandersetzung mit den Evangelien, die mich immer wieder durch ihre Aktualität überraschen und Wege in den Alltag weisen. An zentraler Stelle steht für mich der Sonntagsgottesdienst der Gemeinde, wo ich den »Raum« Kirche nicht nur als (übrigens wohltuend feinfühlig und stimmig gestaltetes) Bauwerk erlebe, sondern wo er auch beziehungsmäßig spürbar wird im Miteinander vieler vor Gott.
So weit, so gut könnte man sagen: Wozu dieser Artikel, wo ist das Problem? Mein persönlicher Einstieg in die katholische Kirche verlief, wie ich versucht habe darzustellen, entlang biographischer Entwicklungen. Da ich als Erwachsene in die Kirche eintrat, fehlen mir die zum Teil bedrückenden Kindheitserlebnisse, von denen andere berichten. Unsere Gemeinde ist eine, in der ich mich wohlfühle, obwohl es auch dort selbstverständlich zu Konflikten kommt, wie überall, wo Menschen sich engagieren. Dabei stören mich weniger die Konflikte als die Scheu vor Auseinandersetzung. Aber weshalb sollte eine ganz nor-

male Gemeinde, die noch dazu unter dem Gebot von Friedfertigkeit und Nächstenliebe antritt, mehr Streitkultur entwickelt haben als etwa politische Parteien oder andere gesellschaftliche Einrichtungen?
Meist erlebe ich, wenn das Gespräch auf Religion und Kirche kommt, ein befremdetes Staunen, wenn ich sage, ich sei praktizierende Katholikin. Und neben dem gelegentlichen Spaß an der Provokation kenne ich bei mir auch die Scheu, davon zu sprechen, oder die Erfahrung eines höflichen Darüberhinweghörens, so wie man einen Menschen mit einer krummen Nase eben nicht anstarrt.
Oft bleibt das Gespräch an der Oberfläche und folgt dem simplen Muster: Kirche ist etwas für ewig Gestrige, ein veraltetes Modell, das aussterben wird wie einst die Dinosaurier – Kirche ist weltfremd. Wenn die Gesprächspartner tiefer einsteigen, kommen zunächst bekannte Kritikpunkte wie: die fehlende Gleichberechtigung der Frauen, die sich von grotesken Details wie »keine Ministrantinnen« bis zur Unmöglichkeit des Priesteramtes für Frauen auffächert, die Festschreibung der Frauen in ihren Rollen als Mütter, Pflegerinnen oder Mitarbeiterinnen bzw. Zuarbeiterinnen des Mannes in sozialen Bereichen oder, falls das nicht mehr möglich ist, die Verteufelung des Weiblichen als hexenhaft verführerisch und gar dämonisch.
Oder das Thema Sexualität, das geradezu in einer negativen stereotypen Verbindung mit dem Wort Kirche gekoppelt zu sein scheint, so, als hätte der Teil der Gesellschaft, der sich von der Kirche befreit hat, keinerlei Probleme damit. Und immer wieder der Vorwurf, die Kirche sei eine totalitäre Institution.
Meist habe ich keinen missionarischen Eifer und sage dann nur, daß mir diese Kritik vertraut sei und daß ich sie berechtigt finde, daß ich jedoch auch andere Erfahrungen in der Kirche gemacht habe. Dennoch stelle ich mir oft die Frage, ob die Kirche wirklich die von Jesus gemeinte Kirche ist, ob die starre Institution, der Apparat, noch et-

was von der Lebendigkeit und Menschlichkeit des Evangeliums zu transportieren vermag. Und weiter, wenn ich an Menschen denke, denen diese Kirche Leid zufügt, wie zum Beispiel Priester, die ihre Berufung aufgeben müssen, weil sie heiraten wollen, oder Frauen, die keine Chance haben, ihre Berufung in einem Amt zu verwirklichen und Priesterinnen zu werden; oder wenn ich sehe, daß die Kirche – um zwei allgemein bekannte Theologen stellvertretend für die vielen Unbekannten zu benennen – es nicht schafft, das Gedankengut eines Eugen Drewermann auf der einen Seite und die Kreativität, mit der ein Leonardo Boff und andere Befreiungstheologen Christsein in einer Welt der Unterdrückung leben, auf der anderen Seite als Chancen für Neubesinnung und Wandel zu integrieren, dann frage ich mich: Ist das »meine« Kirche? Ist diese Kirche an Neubesinnung und Wandel überhaupt interessiert oder igelt sie sich ein in Machtpositionen aus Angst vor dem Verlust ihrer Identität?
Ausgehend von diesen Fragen, habe ich immer wieder ernsthaft über einen Kirchenaustritt nachgedacht. Doch wenn ich mir diese Phantasie gestattete, stellten sich Fragen ein wie: Wohin denn eigentlich? Gibt es außerhalb der Kirche einen »Ort«, wo ich meinen Glauben leben kann, das heißt wo ich Menschen finde, die mit mir versuchen, anstehende politische und soziale Aufgaben in bezug auf die Botschaft Jesu zu reflektieren und anzupacken?
Ich habe sie eben gerade in der Kirche gefunden, die anderen, Männer und Frauen, hauptamtlich Tätige und Laien, die dialogbereit und -fähig sind, die engagiert um ein gegenwartbezogenes, weltoffenes Christentum kämpfen, die nicht von missionarischem Eifer getrieben werden, sondern den Glauben, die besondere Lebenssituation und den kulturellen Hintergrund anderer Menschen und Völker respektieren. Es ist das Gefühl, mit meinen Anliegen nicht alleine zu sein, das mich trägt – auch wenn ich manchmal erst suchen muß, in Büchern, bei Vorträgen

und Seminaren. Und immer wieder mache ich dabei die Erfahrung, daß gerade diese Menschen, die zum Teil auch an der Reglementierung durch die kirchliche Lehrmeinung leiden, nicht davonlaufen, sondern Widerstand leisten und ihrem Gewissen folgen.
Aber was mache ich denn da? Versuche ich die Quadratur des Kreises – oder bin ich schizophren und spalte auf in hier die »Guten«, die Engagierten, Offenen, Dialogbereiten, dort die »Bösen«, die kirchliche Obrigkeit, deren Existenz ich um des eigenen Seelenfriedens willen am besten verleugnen will?
Die Lösung, die ich für mich gefunden habe, ist die eines Versuches, in der Kirche erwachsen zu werden. Das ist wahrhaftig nicht das Ei des Kolumbus und auch nichts Neues, denn schon oft war die Rede von den »mündigen Christen«. Aber es hat gedauert, bis dieser Begriff für mich von Bedeutung wurde.
Mein inneres Bild dafür ist dieses: Auch wenn immer wieder die Rede vom »Hirten« umgeht, in Hirtenbriefen und Hirtenworten, ich mag mich nicht als Schaf fühlen. Ich habe keine Probleme mit Autorität, solange sie sich aus der Integrität, dem Wissen, der Weisheit und der Überzeugungskraft eines Menschen ergibt, aber ich weigere mich, an die Autorität eines Titels zu glauben, wenn ich den Menschen, der ihn trägt, als »taube Nuß« empfinde. Ich habe keine Schwierigkeiten, mich auf eine Gruppe einzulassen, aber nicht um den Preis des Verzichts auf meine Individualität, sondern im vollen Wissen darum.
Vielleicht ist es wirklich wie in einer Familie: Erwachsenwerden bedeutet Trennung und Auseinandersetzung von Kindern und Eltern. Wenn es gutgeht, kommt es nicht zum Bruch, sondern die Kinder können akzeptieren, daß sie in dieser Familie so geworden sind, daß es neben vielem Unerträglichen auch Positives gegeben hat; Bindungen müssen nicht verleugnet werden, aber auch nicht die Trauer über das Nicht-Mögliche.

Die Kirche hat durch die Zeit hindurch auch Werte bewahrt und Menschen immer wieder angeregt, sich unbequemen Wahrheiten zu stellen. Es kann nicht darum gehen, in einer pauschalen Ablehnung alles über Bord zu werfen, sondern wahrzunehmen, zu prüfen und zu behalten, was dem eigenen Leben und Lebendigsein dient.
Zum Abschluß noch einen Gedanken zu meinem Erleben als Frau in der Kirche: Es unterscheidet sich meines Erachtens nur graduell von meinem Erleben als Frau in unserer Gesellschaft: die Kirche steht zum patriarchalen System, die Gesellschaft verleugnet es – hier und dort muß ich mir selbst meiner Identität als Frau bewußt werden durch die Auseinandersetzung mit allen Aspekten des Frau-Seins. Es verwirrt mich immer wieder zu hören, für wie viele Frauen heute noch die Begriffe Opferbereitschaft und Demut und Gehorsam Eckpfeiler ihres kirchlichen Selbstverständnisses sind. Um nicht mißverstanden zu werden: Ich will keinem dieser Begriffe etwas von seinem Wert nehmen, aber manchmal hege ich doch den Verdacht, daß sie synonym gebraucht werden für Angst vor der eigenen Potenz und Kreativität, Angst vor Auseinandersetzung und Rivalität und Angst vor Eigenständigkeit. Doch parallel dazu gibt es Gott sei Dank immer wieder Beispiele dafür, daß genau diese Eigenschaften (Kreativität, Mut, Konfliktfähigkeit, Eigenständigkeit...) gerade von Frauen auch gelebt und vertreten werden, und das bestärkt mich – immer noch und immer wieder – in der Utopie einer – nein, nicht einer geschwisterlichen –, sondern einer partnerschaftlich erwachsenen Kirche, die konflikt-, beziehungs- und handlungsfähig ist; das heißt einer Kirche, in der Männer und Frauen nicht gegen-, sondern miteinander aus einer gemeinsamen, tragenden religiösen Erfahrung Modelle entwickeln können, die uns helfen, im Dschungel unserer gegenwärtigen wirschaftlichen, sozialen, ökologischen und politischen Fragestellungen die Orientierung nicht zu verlieren.

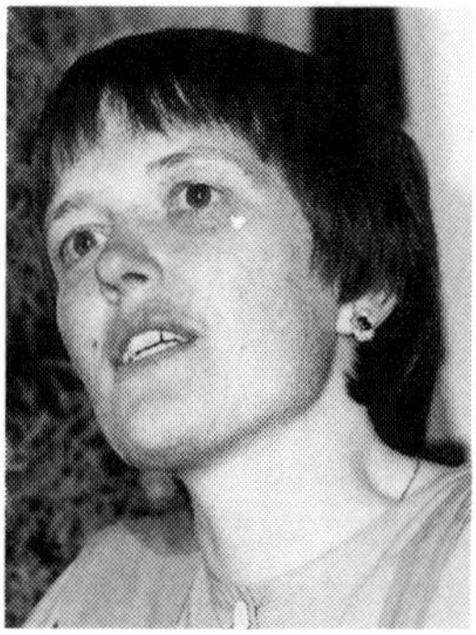

Gertrud Casel, geboren 1954 und aufgewachsen in Trier, lebt in Düsseldorf. 1973–1979 Studium der Psychologie und Theologie in Bonn und Nijmegen/Niederlande, Diplom in Psychologie, 1979 bis 1982 Referentin für jugendpolitische Grundsatzfragen im Bundesministerium für Jugend, Familie und Gesundheit, 1983 bis 1988 Bundesvorsitzende des Bundes der Deutschen Katholischen Jugend (BDKJ), seit 1989 Generalsekretärin der Katholischen Frauengemeinschaft Deutschlands (kfd). Vorstandsmitglied des »Weltgebetstags der Frauen« und Mitglied des Beirats zur Durchsetzung der Gleichberechtigung von Frau und Mann beim Bundesministerium für Frauen und Jugend.

Ich vertraue diesem riskanten Projekt

Es ist nicht mehr selbstverständlich, einmal getauft, auch in der Kirche alt zu werden. Viele aus meiner Generation sind innerlich ausgezogen, manche formell ausgetreten, viele nehmen Dienste der Kirche an Wendepunkten ihres Lebens, wie z. B. bei der Eheschließung, der Taufe der Kinder oder bei der Beerdigung von Familienangehörigen, in Anspruch, bringen sich aber persönlich nicht ein. Viele spielen mit der Alternative »gehen oder bleiben?« Was hält *mich* in der Kirche, warum investiere ich in sie, in ihre Zukunft, obwohl ich doch auch manche ihrer viel kritisierten Schattenseiten konkret erfahren habe?

Zunächst ist da die sehr bindende Grunderfahrung: Ich habe in der Kirche glauben gelernt. Ich habe das Evangelium kennen- und schätzen gelernt: daß Gott die Menschen liebt, daß er in Jesus Christus seine Zuwendung zu allen, besonders den Armen, vorbehaltlos gezeigt hat, daß er uns sendet, diese Liebe weiterzugeben und zu leben. Ich habe beten gelernt. Ich habe fragen und suchen gelernt. Ich habe gelernt, mit anderen diesen Glauben zu feiern. Ich habe erfahren, wie das Zeichen des eucharistischen Brotes mich immer wieder angerührt hat, das Geheimnis des Gottes, der anwesend ist in diesem so unscheinbaren Zeichen, der Gemeinschaft stiftet und dazu auffordert, mit anderen zu teilen. Ich habe gelernt, meine Bilder von Gott zu korrigieren, zu ergänzen, Abschied zu nehmen von festen Vorstellungen. Ich habe gelernt, im Wechsel der Jahreszeiten mit anderen die Geheimnisse des menschlichen Lebens um Geburt und Tod, Saat und Ernte, Bewährung und Veränderung zu feiern in Bräuchen und Traditionen, die Sinn deuten, ohne zu banalisieren.

Ich habe mit anderen, vor allem in der Jugendarbeit, neue, eigene Wege ausprobieren können, die persönliche Aneignung, nicht Übernahme fertiger Formen. Ich habe gelernt, die dabei entstehenden Konflikte anzunehmen und durchzustehen. Ich habe viel gelernt, zu Hause in der Familie und in der Gemeinde, in der ich aufgewachsen bin, in der Jugendarbeit, in der Studentengemeinde, in Exerzitien und bei Besinnungstagen, heute in der Frauengemeinschaft: alles Lebens- und Lernorte, die für mich auch kirchliches Leben bedeutet haben und bedeuten, die ohne die Kirche so nicht möglich gewesen wären. Ich habe viel gelernt, das mir hilft zu leben, das mir tragende Grundlage geworden ist, das mich herausfordert, das ich weitergeben will.

Ein zweites: Ich kann nicht alleine glauben, ich brauche Gemeinschaft, um den Glauben zu lernen. Mehr als alle

Verlautbarungen waren und sind es Menschen, die mich überzeugen, die mich an der Kirche festhalten lassen, Frauen, Männer – unter ihnen auch Priester –, die glaubwürdig die Nachfolge Jesu zu leben suchen, von der Wirkkraft seines Geistes Zeugnis geben in sehr verschiedenen Lebenssituationen. Ich brauche den Austausch mit anderen über ihr Leben und ihren Glauben, ich brauche die gemeinsame Feier des Glaubens, das Beten, Singen, die Suche nach Ausdrucksformen, die stimmig sind in unserer Zeit. Ich brauche Korrektur und Herausforderung durch andere, Anfrage und Ermutigung, Bestätigung oder Verunsicherung: Wie erfahren und sehen andere das Wirken Gottes in unserer Geschichte? Wie deuten sie die Zeichen der Zeit? Tradition ist mir wichtig geworden, auch in der Kirche, die geronnenen Glaubens- und Lebenserfahrungen so vieler Generationen. Am sinnfälligsten kommen sie wohl in der Liturgie zum Ausdruck. Tradition, nicht um alles so zu übernehmen, wie es ist, sondern um in der Auseinandersetzung damit unsere heutigen Formen zu finden, die die überlieferte Botschaft so ausdrücken und mitteilen, daß sie heute verstanden werden kann.

An der Kirche fasziniert mich, daß sie weltweite Gemeinschaft ist. Ich habe viele Impulse im Austausch mit Christen, vor allem in Lateinamerika, empfangen. Zum Beispiel auf einer Reise nach Bolivien oder in Kontakten über den »Weltgebetstag der Frauen«. Ihr mutiger und unerschrockener Einsatz für die Menschenrechte, oft bei Gefahr ihres eigenen Lebens, hat mich sehr beeindruckt. Eine Kirche, die mit den Armen lebt, ist sicher ihrer Berufung und Sendung am nächsten. Vielleicht ist die Kirche in der Bundesrepublik als wohlhabende Kirche in einer wohlhabenden Gesellschaft auch deshalb in einer besonders schwierigen Lage.

Ein weiterer Beweggrund für mein Leben in der Kirche ist das Bemühen um Gerechtigkeit und Frieden. Die Kirche hat trotz all ihrer manchmal folgenschweren Irrwege und

Irrtümer in der Geschichte nie aufgehört, die biblische Verheißung des Schalom weiterzusagen. Sie hat nie aufgehört sich für Gerechtigkeit und Frieden einzusetzen, wenn auch nicht immer als Gesamtkirche, so doch zumindest in einzelnen Gruppen oder Bewegungen. Und in diesen Fragen hat sie nach meiner Wahrnehmung heute auch international gesehen eine relativ hohe Glaubwürdigkeit gegenüber anderen gesellschaftlichen Organisationen. Ich weiß, wir holen im kirchlichen Leben nie das ein, was wir verkünden, insofern gibt es auch hier Glaubwürdigkeitslücken. Aber sei es nun die Ausländer- oder Asylproblematik, die Verschuldung, der Sex-Tourismus, Abrüstung oder Entwicklungsfragen in der einen Welt: in allen Feldern sind kirchliche Verbände, Gruppen, Initiativen sehr engagiert, politisch ebenso wie in der unmittelbaren Arbeit mit den Betroffenen.
In vielen Gesprächen habe ich die Erfahrung gemacht, daß beim Stichwort »Kirche« zuerst Rom, Papst, Bischöfe, eventuell noch Pfarrer oder Pastor assoziiert werden. Die »Schublade« ist gefüllt mit: dogmatischer Zentralismus, autoritäre Ausübung von Macht und Disziplin, verklemmte Sexualmoral, Angst vor und Unterdrückung von Frauen ... Aber Kirche ist doch zuerst das »Volk Gottes unterwegs«! Warum sagen einzelne oder Gruppen von sich selbst, sie stünden am Rande der Kirche? Es ist noch lange nicht ausgemacht, wer der Mitte der Kirche, Jesus Christus, am nächsten ist, was der Gemeinschaft der Glaubenden entscheidende Antriebe auf Zukunft hin gibt. Die Kirchengeschichte zeigt, daß auch innerkirchlich angefeindete und bedrängte einzelne oder Gruppen in späteren Zeiten für heilig befunden wurden. Widersprüche und Spannungen sind aber auch nicht einfach auf die Ebenen »oben« oder »unten« zu verteilen. Auch in der Gemeinde vor Ort wehren viele jede Veränderung ab, wollen die Kirche zur Fluchtburg, zum Hort für Beständigkeit ausbauen, rufen manche nach starker Führung und nach der

Verurteilung von Neuansätzen und Experimenten, weil sie sich angesichts so rascher Veränderungen in der Gesellschaft und unübersichtlicher Verhältnisse um sie herum überfordert fühlen.
Was aber macht Kirche aus? Warum bleibe ich trotz ihres wenig attraktiven Erscheinungsbildes, trotz aller Widersprüche in ihr? Die Kirche ist kein Selbstzweck, sie ist als strukturierte Gemeinschaft von Glaubenden ein Instrument, aber ein notwendiges, auf dem Weg zum Reich Gottes. Es geht zentral um Jesus Christus und seine Sendung. Die Selbstoffenbarung Gottes in die menschliche Geschichte hinein war in allen Phasen Mißverständnissen ausgesetzt. Und ihr Höhepunkt, die Menschwerdung, war doch von Anfang an – in menschlichen Kategorien gesprochen – ein »riskantes Unternehmen«. Das Reich Gottes nicht fertig hinzusetzen, sondern die Botschaft davon dem Kreis der Jüngerinnen und Jünger anzuvertrauen, in dem es Untreue von Anfang an gab sowie Machtkämpfe, Rivalität, Anpassung ..., das war und ist ein ungeheuerliches »Projekt«. Heute den Getauften und Gefirmten in der Kirche die Sendung Jesu anzuvertrauen, ist es nicht minder. Warum so riskant, warum nicht erfolgssicherer? Dies bleibt für mich eines der vielen Rätsel zwischen Himmel und Erde. Bei mir kommt diese Herausforderung zuerst als persönliche Anfrage an: Wie stehe ich zu Jesus von Nazareth? Lasse ich mich persönlich auf ihn ein, glaube ich an seine lebendige Gegenwart, lasse ich mich einbinden in sein »Projekt«?
Ein Blick in die Geschichte der Kirche hilft mir. Er kann desillusionieren – es gab Machtmißbrauch, Verbrechen, Unrecht, Irrtum, Schuld aller Art. Aber er gibt vor allem auch Hoffnung. Denn trotz oft hoffnungsloser Rahmenbedingungen gab es immer wieder Leben, Bewegung und Erneuerung in der Kirche. Es ist meine feste Überzeugung: Würden der auferstandene Jesus Christus und sein Geist nicht in der Kirche fortwirken trotz und in allen

Widersprüchen und Spannungen, wäre die Kirche schon längst von der Bildfläche verschwunden oder zur Bedeutungslosigkeit verkommen. Das ist für mich die entscheidende Frage: Hat diese Kirche mit der Sendung Jesu, seinem Leben, seinem Geist zu tun? Ist sie Instrument im begonnenen Heilswerk, dessen Vollendung uns zugesagt, verheißen ist? Dann kann ich mein Ja oder Nein gegenüber der Kirche nicht loslösen von meiner Antwort auf die Botschaft und Herausforderung Jesu. Die Frage, ob mir der aktuelle Zustand der Kirche anziehend vorkommt oder nicht, wird dann sekundär.

Was aber hilft mir, in der Kirche, wie sie nun einmal ist, zu leben? Wichtig ist mir das Gleichnis vom Unkraut im Weizen geworden, wie es im 13. Kapitel des Matthäusevangeliums erzählt wird. Der Gutsherr wehrt den Vorschlag der Knechte ab, das Unkraut im Weizenfeld auszureißen: »Laßt beides wachsen bis zur Ernte.« Jesus hat die Gemeinde auf dem Weg zum Reich Gottes nicht als Gemeinschaft der Reinen und Fortgeschrittenen verstanden. Unkraut und Weizen wachsen nebeneinander, in mir selbst, in den Gemeinden und Gemeinschaften, in der Kirche. Niemand sollte vorschnell richten oder gar ausreißen wollen in einem angemaßten Gericht, das doch Gott allein vorbehalten ist.

Wir brauchen ein waches Bewußtsein unserer Berufung, Sendung und Befähigung aufgrund von Taufe und Firmung. Wir sollten, was in uns angefangen hat, ernst nehmen für uns selbst, aber auch für das Leben der Kirche. Ich muß das, was ich vom Evangelium verstanden habe, was ich glaube und für notwendig erachte, in die Kirche einbringen, in die Auseinandersetzung mit anderen, meine Gaben und Talente entfalten, mit ihnen wuchern. Je mehr Menschen dies tun, desto lebendiger und vielfältiger wird die Kirche.

Wir dürfen die Anstrengung des Dialogs nicht aufgeben mit denen, die anders denken und handeln in der Kirche,

ebenso nicht mit denen, die die Kirche verlassen haben, die sie ablehnen. Die Botschaft Jesu gilt allen. Die Selbstbeschäftigung der kleinen Herde mit sich selbst stünde in vollem Widerspruch zur Universalität ihrer Sendung. Dialog, das kann auch heißen: harte Auseinandersetzung, offene Kontroverse, wie dies Paulus und Petrus auf dem Apostelkonzil in Jerusalem vorgemacht haben. Der Dialog erfordert auch den Versuch, andere zu verstehen, mich in ihre Lage zu versetzen. Vieles in der Kirche geschieht aus Angst, die eng und unfrei macht. Es ist die Angst, das anvertraute Erbe in Anpassung an den Zeitgeist zu verraten oder zu verfälschen. Das ist sicher eine reale Gefahr, aber als Gegengewicht dazu ist das Vertrauen nötig, daß der Geist Gottes auch in unserer Zeit wirkt, auch in ungewohnten und unkonventionellen Formen und Ereignissen. Sicher gibt es auch die Erfahrung des arroganten Mißbrauchs in kirchlichen Behörden oder durch sie. Noch fehlt es in der Kirche an einer transparenten Ausübung der Macht. Es braucht Organisation, Verwaltung und Bürokratie, aber bitte mit klaren Entscheidungsstrukturen, die Partizipation und Kontrolle ermöglichen!
Und schließlich: Entwicklung geschieht nicht linear, sondern nur in Spannungen und Widersprüchen, im Vor und Zurück. Konflikte und Gegensätze, widerstreitende Auffassungen und Bewegungen sind kein Unglücksfall in der Geschichte, sondern notwendig für eine lebendige Entwicklung. In der katholischen Kirche geschahen Veränderungen bisher leider oft sehr langsam.
Viele Jahrhunderte brauchte es, bis die Verurteilung Galileis aufgehoben wurde. Und heute stehen wir vor einem vielbeschriebenen Problemstau.
Dennoch – ich habe viel Hoffnung für die Zukunft der Kirche. Es gibt tiefgreifende Veränderungen, die begonnen haben und weitergehen werden. Vielleicht gar nicht verwunderlich, daß in solchen Spannungszonen die Wo-

gen besonders hochgehen. Das betrifft zum Beispiel die Art und Weise, wie die römische Zentralgewalt ausgeübt wird. Mit dem Anwachsen und Erstarken der jungen nichteuropäischen Kirchen werden wir eine größere Vielfalt und Vielgestaltigkeit von Ortskirchen erleben, die der Inkulturation des Christentums auch in nichteuropäische Kulturen hinein mehr Raum läßt. Ich hoffe weiter, daß diese größere Vielfalt sich günstig auf das Miteinander der christlichen Kirchen auswirken wird, daß versöhnte Verschiedenheit möglich wird, in der unterschiedliche Traditionen als Bereicherung erlebt werden. So könnte das gemeinsame christliche Zeugnis glaubwürdiger werden. Ich hoffe auf eine weite, umfassende, eine wirklich katholische Kirche.

Veränderungen kündigen sich auch im oft geforderten gleichberechtigten Zusammenleben und -wirken von Frauen und Männern in der Kirche an. Spätestens seit dem Zweiten Vatikanischen Konzil sollte jede Diskriminierung aufgrund des Geschlechts überwunden sein, in der Praxis ist sie leider noch Alltag. Ich bin dennoch zuversichtlich: Das gewachsene Selbstbewußtsein der Frauen und ihre – wenn auch (noch) in Unterordnung – tragende Rolle in der Kirche wird auf Dauer dazu führen, daß die Frauen ihre Gaben und Charismen in alle Dienste und Ämter der Kirche einbringen können. Und ich bin sicher, daß dies die Verkündigung, die Pastoral, das kirchliche Leben insgesamt sehr bereichern wird.

Schließlich: Das Verhältnis von Priestern und Laien hat sich bereits gewandelt, was neue Möglichkeiten, aber auch viele Fragen aufwirft und Spannungen auslöst. Nicht zuletzt der Priestermangel wird die Partizipation der getauften und gefirmten, aber nicht geweihten Christinnen und Christen vorantreiben, ihre Verantwortung für das kirchliche Leben neu wecken. Und schließlich: So wie die Zugangsvoraussetzungen zum priesterlichen Amt in der Geschichte der Kirche in Antwort auf bestimmte Pro-

bleme verändert wurden, so scheint mir die offene und vorurteilsfreie Beratung darüber dringlich, welche Veränderungen in dieser Frage heute erforderlich sind.
Die hier nur angedeuteten Entwicklungen werden sicher mit erheblichen Auseinandersetzungen einhergehen. Aber ich vertraue auf die Kraft des Beistandes, der uns verheißen ist, auf das oft so schwer zu entziffernde Wirken des Auferstandenen in seiner Kirche. Er fordert heraus zu einem glaubwürdigen christlichen Zeugnis, daß wir als Kirche Sauerteig werden oder Salz für unsere Welt und viele einzelne in ihr, die dies so bitter nötig brauchen.*

* Der Beitrag war zuerst abgedruckt in Publik-Forum Extra: Treue und Trennung, S. 32–34.

Maria Roswitha Goertz, O.Cist., geb. 1953 in Krefeld, lebt in der Zisterzienserinnenabtei Lichtenthal, Baden-Baden. Studium für das Lehramt an Grund- und Hauptschulen von 1972 bis 1977 an der PH Neuss; 1977–1986 Lehrerin an der Hauptschule in Moers; 1986 Ordenseintritt; Lehrerin an der Grundschule Lichtenthal.

Zisterzienserinnen – das Gott zugewandte Antlitz der Kirche

»Ihr seid das Licht der Welt ... So soll euer Licht vor den Menschen leuchten, damit sie eure guten Werke sehen und euren Vater im Himmel preisen« (Mt 5,14.16). Dieses Evangelium wurde in der hl. Messe zu meinen Ewigen Gelübden verlesen. Welch ein Lebensprogramm! Licht sein, gute Werke tun, das Licht leuchten lassen! Ist das nicht Überheblichkeit, sich so etwas vorzunehmen? Hochmut, sich einzubilden, man sei so gut, daß man für andere ein Licht ist? Sind wir nicht alle arme, schwache Menschen, die immer wieder fehlgehen?
Für mich ist die Feier der Osternacht in unserer Klosterkirche die schönste liturgische Feier des ganzen Kirchenjahres. Mit vielen anderen Gläubigen sind wir in der dunklen

Kirche versammelt. Draußen vor dem Kirchenportal wird die Osterkerze entzündet, und der Diakon verkündet feierlich: Lumen Christi – Licht Christi. Der Schein der Kerze reicht aus, um die Finsternis zu vertreiben. Am Lichte Christi entzünden wir unsere Kerzen, im Schein unserer Lichter wird es in der Klosterkirche strahlend hell, und der Diakon singt das große Osterlob. Diese Feier ist ein tiefes Sinnbild für das, was für mich Kirche ist: die Gemeinschaft derer, die Christus zu sich ruft, die er beschenkt mit seinem Licht. Wir nehmen es entgegen, geben es weiter, tragen es in die Welt. Das Licht kommt nur von Ihm, nicht von uns selber. Die Berufung, Licht zu sein in der Welt, gilt aber jedem Christen, nicht nur für Ordensleute und Priester.

Für uns Zisterzienserinnen ist Kirche auf mehreren Ebenen erfahrbar: als Klostergemeinde (in unserem Fall: von Lichtenthal), als Zisterzienserorden, als Gemeinschaft der Glaubenden und Suchenden, mit denen wir in Kontakt stehen, als Kirche unserer Diözese Freiburg, und schließlich als Weltkirche mit ihrem sichtbaren Haupt, dem Nachfolger des heiligen Petrus.

Unser Ja zur Kirche ergibt sich für uns ganz selbstverständlich aus unserem Ja zu Christus, der uns ins klösterliche Leben berufen hat. Dieses Ja bekennen wir durch die Gelübde. In ihnen übergeben wir in einer öffentlichen Feier unser Leben an Gott. Unsere Berufung ist nicht in erster Linie eine private Berufung zu einem frommen Leben, das wohl auch. Sie ist eine Berufung in der Kirche für die Kirche. Ein Engagement nicht nur auf Zeit in unseren arbeitsfreien Stunden, sondern ein Engagement mit unserem ganzen Leben für unser ganzes Leben. Um so dringender stellt sich aber auch für uns Zisterzienserinnen die Frage, was uns bewegt, in dieser so in die Diskussion geratenen Kirche zu leben und zu dienen.

Wenn ich Kirche von außen betrachte, finde ich sicher sehr viel Unstimmiges, Kritikwürdiges und Unzeitgemä-

ßes. Schließlich ist sie eine fast 2000 Jahre alte Institution, bestehend aus schwachen, fehlerhaften Menschen.
Kirche ist aber nicht vor allem eine Großinstitution mit einer bürokratischen Struktur, einer eigenen Gesetzgebung, einem hierarchischen Lehr- und Leitungsamt, das vermeintlich altmodische Moralvorschriften erläßt, eine Macht mit gesellschafts- und weltpolitischem Einfluß, über große finanzielle Mittel verfügend. Eine solche Sicht von Kirche ist polemisch und trifft nicht das Wesentliche.
Um zu erkennen, was Kirche wirklich in ihrem innersten Wesen ist, muß ich tiefer sehen, zunächst einmal in die Heilige Schrift, das Buch der Kirche. Dort hat Jesus gesagt: Wo zwei oder drei in meinem Namen versammelt sind, da bin ich mitten unter ihnen. Das also ist Kirche: die Gemeinschaft derer, die durch Glaube und Taufe dem Herrn Jesus Christus verbunden sind. Die Tatsache, daß man glaubt und getauft ist, begründet die Zugehörigkeit zu dieser Gemeinschaft, zur Kirche. Deshalb ist auch der Slogan »Jesus ja, Kirche nein« ein Irrtum. Ich kann nicht an Jesus glauben, ohne der Gemeinschaft der Glaubenden anzugehören. Dieser Gemeinschaft verdanke ich den Glauben, denn wer hätte mir über 2000 Jahre das Evangelium treu überliefert, wenn nicht die Kirche? Es ist auch eine Frage von Treue und Dankbarkeit für den empfangenen Glauben, wenn ich mich öffentlich zu ihr bekenne.
Entsprechend war Kirche für mich nie nur eine Institution, auch nicht in meinen Erfahrungen mit ihr. Ich habe sie erlebt durch Menschen, die mir gezeigt haben, was ein Leben aus dem Glauben ist: die Eltern, mein Bruder, Kollegen, Freunde und Freundinnen, auch Priester und Ordensfrauen, Mitarbeiter in der Pfarrgemeinde, Menschen, denen ich unterwegs begegnet bin. Ihnen verdanke ich das Geschenk, getauft zu sein, das Geschenk des Glaubens und schließlich das Geschenk der Berufung zur Nachfolge im Ordensleben. Mit vielen, die mich ein Stück begleitet haben, weiß ich mich weiterhin im Glauben und im Dienst für

das Volk Gottes verbunden, wenn auch die äußere Verbindung durch mein Leben in einem kontemplativen Kloster auf ein Minimum beschränkt ist. Als das wandernde Gottesvolk sind wir weiterhin gemeinsam mit Christus unterwegs zum Vater.
Mein Ja zur Kirche war nicht immer unangefochten. Ich kenne Zeiten großer innerer Distanz. In meiner ersten Studienzeit beschränkte sich mein Christsein vor allem auf äußeres Mittun. Dieses gab ich aber nicht auf, mit Rücksicht auf meinen früh verstorbenen Vater, dem der Glaube so viel bedeutet hatte. Dieser Wille zur Treue aber war es, der mir dann letztlich einen neuen Zugang ermöglichte.
Kontakte mit ungläubigen Mitschülern und Mitstudenten und eine Ferienwoche in einem tibetanischen Meditationszentrum in Schottland stellten damals meinen Glauben auf eine ernsthafte Bewährungsprobe. Es ging um die Grundlagen des christlichen Glaubens überhaupt. Dadurch wurde in mir ein intensives Suchen nach der tieferen Wahrheit, nach Gott ausgelöst. Kurz zuvor war von Hans Küng das Buch »Christsein« erschienen. Ich las es in einem Stück, an einem Tag und in der folgenden Nacht. Und ausgerechnet das Buch dieses umstrittenen Theologen verhalf mir zu einem Neuanfang im Glauben. Ich erhielt noch andere Hilfen, vor allem durch provozierende Fragen anderer, aber auch durch das Zeugnis gläubiger Menschen, die mich Jesus Christus immer mehr kennenlernen ließen. Und in dem gleichen Maße, in dem dies geschah, wuchs als Folge davon mein Engagement in der Gemeinde, zunächst im Firmunterricht und in der Jugendarbeit, dann absolvierte ich einen Theologiekurs, in dem ich vielen Menschen begegnete, die auf der Suche waren, die ihr Leben aus dem Glauben gestalteten. Vor allem die gemeinsamen Gottesdienste in einer kleinen Gruppe Gleichgesinnter waren eine Bereicherung. In meiner Heimatgemeinde kam man sich in der großen Pfarrkirche, die nur von einem ge-

ringen Teil der Pfarrangehörigen besucht wurde, manchmal ziemlich verloren vor. Auch dort gab es gute und eifrige Christen, aber auch viel allzu Menschliches, Streit, Vereinsklüngel, Geistliche, die echtes Ärgernis erregten.

Ein noch größeres Glück für mich war es, daß ich durch die Vermittlung einer Freundin Benediktinerinnen kennenlernte. An deren Beispiel lernte ich, daß es ein radikaleres Dasein für Gott gibt: ein Leben, das nur für Ihn da ist, in Stille und Zurückgezogenheit, im Lobpreis Seiner Güte, ein Leben mit »Christus verborgen in Gott«. So führte mich Gott schrittweise zu meinem Kloster, dem Zisterzienserinnenkloster Lichtenthal in Baden-Baden.

Diese Berufung führte mich zugleich tiefer hinein in den Dienst an der Kirche. Das klingt etwas paradox, denn als kontemplatives Kloster erfüllen wir keine karitativen Aufgaben und üben kein Apostolat in den Pfarrgemeinden aus. Um unseren Lebensunterhalt zu sichern, unterhalten wir zwar eine öffentliche Grundschule, in der ich als Lehrerin tätig bin, sowie Kunstwerkstätten und ein Tagungs- und Gästehaus. Das alles ist aber nicht unser wesentlicher Dienst. Unser Dienst besteht in einem Zeugnis, in Stellvertretung, in Fürbitte und Lobpreis, in Anbetung.

Unser Dasein zeigt den Gläubigen: Der Mensch ist auf Gott hin geschaffen, Gott allein ist seine Vollendung. Er allein ist es, den wir suchen sollen und dem wir gehören. Dazu leben wir ohne persönliches Eigentum, im Gehorsam, im Hören auf den Willen Gottes und den Nächsten, in Klausur, im Stillschweigen. Das alles soll uns innerlich zur Ruhe kommen lassen und unser Herz empfangsbereit machen für die Begegnung mit Christus.

Unser Dasein zeigt den Menschen, was die Kirche über das Bild vom wandernden Gottesvolk hinaus noch ist: nämlich die Braut des Herrn, die in ihrer ganzen Erwartung auf Ihn hingeordnet ist und sich bereitet, Ihn zu empfangen. Christus allein, dessen Wiederkunft die Urgemeinde sehnsüchtig erflehte im Ruf »Maranatha« – »Komm, o Herr«, ist die Erfüllung der Kirche und letztlich auch jedes Menschen. Dafür ist unsere Ehelosigkeit ein deutliches Zeichen. Sinnvoll gelebt werden kann sie aber nur, wenn wir tatsächlich mit unserem ganzen Menschsein nach Christus verlangen.

Unser vornehmster Dienst in der Kirche ist die Feier des Stundengebetes, das gesungene Gotteslob, das wir siebenmal am Tag gemeinsam im Chor verrichten. Stellvertretend für alle Gläubigen kommen wir vor Gottes Angesicht für Mütter und Väter, für Kinder, für alte und kranke Menschen, für Berufstätige, die keine Zeit zum Gebet finden, für Zweifelnde und Suchende. Im Chorgebet werden die Anliegen der Menschen, die bei uns Rat und Hilfe suchen, aufgenommen, auch die Nöte der Kirche und die vieler Priester. Durch unser Gebet können wir vielen Trost schenken und neue Aufgaben ermöglichen. Indem wir so für alle vor Gott stehen, seine Gnade empfangen und an die Menschen weitergeben, wird unser Dasein zu einer priesterlichen Existenz.

Mit unserem Leben in der schwesterlichen Gemeinschaft sollen wir nachahmen, wie Jesus unter uns gelebt hat: demütig, sanftmütig, wie einer, der dient. So sollen auch wir uns annehmen, aufeinander hören und selbstlos und verfügbar einander dienen. Das geht natürlich nicht immer so glatt und makellos. Wir Schwestern sind Menschen und noch lange keine Heiligen, und wir stellen oft gegenseitig unsere Geduld auf eine harte Probe. Auch wir brauchen Verständnis und Versöhnung miteinander. Das geschieht täglich in der heiligen Messe, die uns immer wieder in den Tod und die Auferstehung Christi hineinführt. Durch seinen Tod stiftet er die Versöhnung unter uns und unter allen Menschen. Das schafft jeden Tag ein Stück von Gottes Heil in unserer heillosen, bedrohten Welt.

An einem unserer stillen Sonntage, die der Anbetung und der Besinnung dienen, fiel mir ein Bild ein für das, was heute und eigentlich im Laufe ihrer ganzen Geschichte mit der Kirche geschieht. Sie gleicht einem Meer, das von den Winden aufgewühlt und hin und her getrieben wird. Dort, wo die Kirche auf die Anforderungen der Zeit reagieren muß, geht es turbulent zu, und wer nur da zu tun hat, könnte den Mut verlieren. In tieferen Schichten aber ist vom Sturm nichts mehr zu spüren. Hier ist die Kirche sie selber, hier kommt sie zur Ruhe in ihrem Eigentlichen, hier wächst ihr neue Kraft zu, hier wird sie immer wieder erneuert.

Wenn wir unsere Gebetswache vor dem Allerheiligsten halten und Christus unsere Liebe und unsere Anbetung darbringen, dann sind wir die Ecclesia orans – die betende Kirche. Diese auf Gott schauende Kirche ist es, die von seinem Geist immer neu erbaut, erleuchtet und gestärkt wird. Jeder betende Christ, jeder, der mit Christus verbunden lebt, trägt dazu bei, daß die Kirche von innen lebendig bleibt. Unsere Aufgabe ist es, das Bewußtsein dafür wachzuhalten und dazu beizutragen, daß das Antlitz der Kirche trotz aller Flecken und Runzeln von innen heraus strahlt und Ihm zugewandt bleibt.

TRAUDL HAAF, geb. 1955 in Würzburg, verheiratet, 2 Kinder, lebt seit 1988 in Abingdon/England. Studium der Theologie in Würzburg 1976–1981; z. Z. Hausfrau und Mutter, ehrenamtlich tätig in der Vorbereitung von Familiengottesdiensten, der Erstkommunion, in katholischen und ökumenischen Frauengruppen, Oxford Council of Churches; besondere Vorliebe: Weltgebetstag der Frauen.

Frauen als »role model« von Kirche oder *Lust am Aufbrechen verkrusteter Traditionen*

Nach langem Zögern und großen Bedenken, so träumte mir, fanden sich die katholischen Frauen der Welt endlich bereit, ein eigenes Konzil abzuhalten. Von allen Teilen der Erde kommend, versammelten sie sich im Petersdom. »Seht«, ertönte die Stimme einer Frau, »seht die Schrift an der Wand!« Und in großen goldenen Lettern, eingemeißelt in Stein, stand: »Nie kann eine Frau zum Priester geweiht werden, denn Jesus ist ein Mann gewesen.«
Trauer und Niedergeschlagenheit breiteten sich unter den Anwesenden aus. Da erhob sich eine helle Stimme über die gebeugten Häupter und rief: »Schwestern, fürchtet euch nicht vor dieser Schrift – es ist die Stimme der Spal-

tung. Laßt uns unsere Stimme erheben – die Stimme der Einheit. In Gottes Menschwerdung sind wir alle gleich, Frauen, Männer und Völker.«
Wie eine frische Brise ging ein Aufatmen durch den Raum. Nach einer Phase informativer Reden und intensiver Diskussionen wurde ein einstimmiger Beschluß gefaßt: Um der Ungleichbehandlung der Frauen in der Kirche nicht länger Vorschub zu leisten, einigten sie sich auf den globalen Auszug der Frauen aus der Kirche.
»Welch faszinierende Vision – aber leider nur eine Illusion«, gebe ich mir, etwas abrupt erwachend, sofort zu bedenken. So sehr ich es auch begrüßen würde, Kirchenstreik ist tatsächlich nur als Traum vorstellbar. Nachdenklich geworden, verweile ich bei der Frage, wie wohl meine Beziehung zur Kirche beschaffen ist, wenn ich mir solch dramatische Aktionen ausdenken muß. Und so lasse ich mich von meinen Gedanken zurücktragen zu den Anfängen meiner Geschichte mit der Kirche.

Meine Liebesbeziehung mit der katholischen Kirche begann schon als Kind. Meine Patin war die Organistin in dem kleinen Dorf am Main, wo ich wohnte, und es war mein größtes Vergnügen, am Sonntagmorgen bei ihr auf dem Orgelbock zu sitzen, um ihrem wundervollen Spiel zu lauschen und die Messe von der Empore aus mitzuerleben. Hier oben sangen die Schola und der Chor, und an hohen Festtagen hingen die farbenfrohen Banner der Vereine über die Balustrade. Es war eine Welt der Kunst, des ganz Besonderen, die sich mir auf diese Weise eröffnete. Hier hatte ich auch meine erste Begegnung mit der Theologie; hier erfuhr ich nämlich – von meinen Eltern ins Ohr geflüstert –, was Eucharistie bedeutet, hier erzählte mir meine Mutter unter anderem von der Entstehung des Fronleichnamsfestes, und hier erhielt ich den größten Schatz meines jugendlichen Lebens: eine in blaues Leinen gebundene »1000-Bilder-Bibel«, die ich wie meinen Aug-

apfel vor dem Zugriff meiner jüngeren Geschwister hütete und täglich studierte. Mit 5 Jahren feierte ich dann nach intensiver Vorbereitung und Beichte meine Frühkommunion.
In diesem Lebensabschnitt bedeutete Kirche für mich ein Haus, dessen wunderbare Welt sich mir erschloß, wenn ich hineinging, die ich jedoch hinter mir lassen mußte, wenn ich aus dem Portal hinausschritt.
Geboren 1955, wuchs ich in eine Zeit hinein, in der vorkonziliare, geheimnisträchtige, autoritäre und elitäre Frömmigkeit und Glaubensvermittlung unverbunden neben einer offenen, einladenden, menschlicheren Theologie des Zweiten Vatikanums standen. Ich lebte in beiden Welten: Da waren die unzähligen Prozessionen als »weißes Mädchen«, mein Schwur bei der Erstkommunion, jeden Sonntagnachmittag die Andacht zu besuchen, die wöchentliche Beichte und die Belehrungen der Schwester Oberin bezüglich des täglichen Besuchs der heiligen Messe wie auf der anderen Seite der Lektorendienst in der Frühmesse sowie mein schon frühzeitig erwachtes Interesse an der Analyse der Heiligen Schrift und der Durchdringung der Glaubenswahrheiten. Ab dem Alter von elf Jahren wurde mir dann immer klarer, daß die Theologie meine große Liebe war, und ebenso wurde mir in vielen Gesprächen mit Eltern, Lehrern, Pfarrern und Gleichaltrigen bewußt, daß für mich nicht eine passive, demütig alles hinnehmende, autoritätshörige Volksfrömmigkeit in Frage kam, sondern eine nach allen Seiten offene, diskutierende, auf den einzelnen Menschen bezogene Glaubens- und Kirchenform.
Besonders während meiner Jahre in einer katholischen Jugendgruppe veränderte sich mein Bild von der Kirche: Nicht mehr das Haus mit seiner steifen, aufrechten Struktur, sondern die Menschen, die sich inner- oder außerhalb seiner Mauern versammelten, wurden entscheidend: Kirche wurde für mich zur Gemeinschaft von Freunden.

Mein Motto war und ist: Jesus ist uns ein Vorbild darin, wie ein Mensch sich vor und in Gott vollständig in seiner gottgewollten Individualität entfalten und so zum wahren Menschen werden kann. Das beinhaltet zugleich eine Absage an jede unspezifizierte Einheit im Glauben und jede unbesehene Unterwerfung unter eine höhere menschliche Autorität oder das kirchliche Lehramt. Diese Überzeugung brachte mich rasch an die Grenze dessen, was ich am Ausdruck kirchlicher und hierarchischer Autorität noch erträglich fand und mit meinem Glauben vereinbaren konnte. Trotzdem gelang es mir noch über viele Jahre hinweg, die katholische Kirche als Hort und Hüterin der Offenbarung Gottes in der Welt zu sehen und ihr die Autorität über mein Leben und die Weltgeschichte zuzugestehen.

Das änderte sich dann grundlegend nicht nur durch mein Studium der Theologie, sondern auch durch meine natürliche, menschliche Entwicklung zur Frau und Mutter.

Was ich in den Mariologievorlesungen zu hören bekam, konnte ich nun an mir selbst überprüfen. Das entscheidende Ja Mariens im stillen Kämmerlein, nur in der Anwesenheit des Gottesboten, ein Höhepunkt in der Heilsgeschichte, verstand ich nun nicht mehr als ein losgelöstes, einmaliges Handeln einer besonderen Frau: Dies war die Entscheidung, die weder mir noch den Abermilliarden Schwangeren seit Menschengedenken erspart blieb. Die innerliche Entscheidung für oder gegen das Kind, das in uns heranwächst, verband mich nun mit der »Himmelskönigin« und mit allen Frauen dieser Welt. Daß die Bibel diese Entscheidung als ganz intimes Erlebnis darstellt, schien mir besonders bedenkenswert und bedeutet für mich auch, daß der Frau in der Kirche dieser ganz persönliche Spielraum zugestanden werden müßte.

Hand in Hand ging ich so mit meiner neu gefundenen Schwester Maria durch Schwangerschaft und Geburt. Die Auslegung der Jungfrauengeburt als biologisch-historisches Ereignis konnte ich nun getrost ad acta legen. Jede, die schon selbst geboren hat, und jeder, der einer Geburt zugesehen und mitdurchlitten hat, wird wissen, was er davon zu halten hat. Mit Hilfe dieser physischen und psychischen Erlebnisse wurden meine Augen neu geöffnet. Jetzt las ich die Bibel mit den Augen einer Frau. Gott in »seiner« Eigenschaft als Mutter gab sich mir liebevoll zu erkennen. Die ursprünglichste aller Liebesbeziehungen, nämlich die zwischen Mutter und Kind, in der die Mutter ihrem Kind ihren Körper zur Speise reicht und doch nicht verzehrt wird, vermittelte mir einen neuen Zugang zur Bedeutung der Eucharistie: Ich selbst – Körper, Geist und Seele – werde mir als Ort des Glaubens und der Kirche bewußt.

Die Kirche versteht sich im theologischen Sinne als Frau, Geliebte, Braut, Mutter. In dieser Eigenschaft sucht sie ihr Vorbild in Maria. Eine wesentliche Schlußfolgerung daraus hat sie jedoch nie gezogen: Zwar hat sie sich immer gerne über das Leben Mariens, ihre Lebensführung, ihren Glauben, ihre Beziehung zu Mann und Sohn geäußert und Maria über alle Frauen himmelweit erhoben. Vergessen hat sie dabei aber, daß Maria zuallererst eine ganz normale Frau gewesen ist – was natürlich in erster Linie Frauen deutlich werden kann. Wenn die Frau Maria aber Vorbild für die Kirche ist, werden alle Frauen dieser Welt in diese Rolle mithineingenommen – eine Möglichkeit, derer sich die Kirche kaum bedient hat. Wir, die Frauen, sind nicht nur ihre Töchter im Glauben, wir sind ihr »role model«. Jede Epoche, jedes Jahrhundert, jedes Land bringt eigenständige Frauen hervor, stellt andere Anforderungen, setzt andere Prioritäten für die Erziehung, Entwicklung und Aktivitäten von Frauen. Und genau diesen Herausforderungen muß sich auch die Institution Kirche stellen, soll ihre vorgegebene Weiblichkeit und Mütterlichkeit nicht zur bloßen Phrase werden.

»Möchten Sie nicht einer Religionsgemeinschaft angehören, in der Liebe, Freude und Vertrauen herrschen, wo Sie als Frau gleichberechtigt sind und die Gemeinschaft nach den Worten des Evangeliums lebt?« fragte mich die Anhängerin einer Sekte an einer Straßenecke in Oxford. »Ich bin sehr aktiv in meiner Kirche und fühle mich in ihr sehr wohl«, antwortete ich – zu meiner grenzenlosen Verblüffung. Meine innere Freude strahlte auf das Mädchen aus, sie lächelte und versuchte mich nicht weiter für ihre Glaubensgemeinschaft einzunehmen. Wir unterhielten uns noch ein wenig und schieden in gegenseitigem Respekt. »Woher, um Himmels willen, habe ich diese tiefe Überzeugung?« fragte ich mich voller Erstaunen auf meinem Heimweg.

Damals begann ich bewußt zu realisieren, daß ich noch immer Mitglied der katholischen Kirche bin. Was hält mich in der Kirche?

Als die englische Kirche beschloß, auch Frauen zum Priestertum zuzulassen, malte ich mir im Geiste die Möglichkeit aus, zum Anglikanismus überzutreten, Pfarrerin zu werden, um dann wieder in die katholische Kirche zurückzukehren. Angesichts dieses raffinierten Schachzuges, ohne ihn jedoch auszuführen, wurde mir deutlich, daß ich mich persönlich in der katholischen Kirche in einer aussichtslosen Position empfinde. Meine Kritik an der Kirche bezüglich ihrer oft fragwürdigen Politik, was Armut, Überbevölkerung, Gewalt, Ungerechtigkeit in der Welt angeht, ihrer oft zweifelhaften Interpretation ihres Dienstes an der Welt, ihrer Arroganz Frauen, Laien, Kritikern gegenüber böte Anlaß genug, um auszutreten.

Doch der Ort meines Glaubens und der Ort, wo ich selbst Kirche bin, ist die – katholische – Kirche, das Volk Gottes, diese aus Millionen Einzelner bestehende Größe, mit seiner Unzahl von Begabungen, Charismen, Glaubensformen, Verschiedenheiten jeglicher Art, Behinderungen, Deformierungen, Unzulänglichkeiten. Dieses Volk Gottes in seiner totalen Heiligkeit und Menschlichkeit ist mein

Ort. Hier kann und will ich meinen Dienst tun, auf meine persönliche Art. Hier ist der Ort, wo mich der Glaube und das Werk anderer Menschen, in der Theologie der Befreiung, in den Frauengruppen, in der theology of survival, anregen und beeinflussen. Hier ist der Ort, wo ich im Zusammenspiel mit Frauen und Männern anderer Kirchen als Verbindungs- und Vermittlungsbrücke für meine oft steife und reglose Kirche dienen kann.
Die Entwicklungsphasen von Mädchen, Jungfrau, Geliebte, Frau und Mutter in ihrer positiven und negativen Bandbreite sind an diesem Ort real. Daß meine Kirche sie als ihre eigenen, natürlichen Phasen begreifen lernt, daran möchte ich mitarbeiten.
Das Volk Gottes in seiner Vielfalt ist auch der Ort, in den mein Traum mich stellte. Meine Lust am Aufbrechen verkrusteter Traditionen wird hier pointiert zutage gefördert. Neue Traditionen dürfen entwickelt und eingeführt werden. Der Geist spricht zu jedem von uns in seiner eigenen Sprache und entzündet in uns das Feuer der Begeisterung und der Liebe. Lebendig und unvermittelt offenbart er sich uns in unseren Träumen. Die Umsetzung in die Realität bleibt uns selbst überlassen. Geleitet von der Botschaft der Träume, sind wir aufgefordert, den Gottesdienst auf dieser Erde zu vollbringen.
Mit meiner Stimme will ich dazu beitragen, verstopfte Adern zu befreien, damit der Lebenssaft des Glaubens frei in allen Gliedern der Kirche zirkulieren kann, um uns zu heilen und zu nähren.

Gisela Hausdorf, geb. 1959 und wohnhaft in Würzburg. Studierte Theologie und Religionspädagogik von 1979 bis 1987 in Eichstätt und Salzburg. Anschließend Mentorin für Pastoralassistentenbewerber in der Diözese Würzburg. Von 1991 bis 1993 Ausbildung in Krankenpastoral/Klinikseelsorge am »Camillianum« in Rom. Zur Zeit Ausbildung zur Pastoralreferentin in der Diözese Würzburg.

In bester Gesellschaft unbequemer Frauen

Als Kind des 20. Jahrhunderts kann ich an vielen Stellen mit der kirchlichen Lehrmeinung, ihrem Menschenbild und ihrer Weltsicht nicht mehr übereinstimmen. Trotzdem bin ich noch nicht aus der Kirche ausgezogen und möchte auch gerne weiterhin in ihr den Menschen im Sinne Jesu begegnen und seine befreiende Botschaft verkünden. Warum?

Der Grund hierfür liegt vielleicht vor allem in der Überzeugung, die in mir gewachsen ist, daß die kirchliche Lehrmeinung nicht mehr die alleinseligmachende sein kann. Im Studieren und Meditieren, in theologischen Diskussionen mit Freunden und in Begegnungen mit suchenden und leidenden Menschen habe ich meinen eigenen Standpunkt in der Glaubensgemeinschaft der Kirche gefunden. Die Sicherheit ist in mir gewachsen, daß jeder ernsthaft Suchende, auch wenn er etwas anders, vielleicht unkonventioneller, an die Botschaft Jesu glaubt und in diesem Geist lebt, auch Teil der von jenem Jesus ins Leben gerufenen Kirche ist. Er braucht sich weder ausgegrenzt zu fühlen noch darf er von anderen ausgegrenzt werden.

Dieses Vertrauen und die nötige Hoffnung, die mich in der Kirche nicht nur ausharren lassen, sondern in ihr leben, oftmals auch leiden und manchmal auch mit ihr kämpfen lassen, erwachsen mir besonders aus folgenden sechs Erkenntnissen:

1. Oft habe ich mich in den letzten Jahren gefragt, warum bestimmte Probleme, die uns auf den Nägeln brennen, nicht dringlicher von Rom behandelt werden, vor allem dann, wenn immer mehr katholische Christen, selbst Teile des Klerus, ja sogar Bischöfe, auf weiten Strecken nicht mehr kirchenkonform denken, verkünden oder leben können. Beispiele hierfür sind das Diakonat der Frau, die Sakramentenpastoral wiederverheirateter Geschiedener, die Verknüpfung des Pflichtzölibats mit der Priesterweihe oder Aussagen über die Sexualmoral.

Meine Unzufriedenheit und Ungeduld über die so langsam mahlenden Mühlen des Vatikans war groß, bis ich während meines zweijährigen Romaufenthaltes einmal die Möglichkeit hatte, über den eigenen Tellerrand hinauszuschauen und zu sehen, daß Nordeuropa und Nordamerika durchaus nicht der Nabel der Welt und unsere Probleme noch lange nicht die der Gesamtkirche sind. Dabei denke ich zum Beispiel an die sich mit wachsender Selbstverständlichkeit auch in der Kirche ausbreitende Emanzipationsbewegung der nordeuropäischen und nordamerikanischen Frauen – im Gegensatz zur Haltung der Frauen aus südlichen Ländern, die weithin noch fraglos ihre von der Tradition vorgegebene gesellschaftliche und besonders kirchliche Rolle leben, wie ich in Gesprä-

chen mit Mitstudentinnen immer wieder mit Staunen und Erschrecken feststellen konnte.
Diese Erfahrung drastischer Unterschiede in der Einschätzung von Problemen hat mich mit der Weltkirchenleitung geduldiger und nachsichtiger werden lassen. Trotzdem kann ich mich mit dem Ist-Zustand nicht einfach zufriedengeben und ist der Wunsch geblieben, daß sich zumindest die Leitungen der Teilkirchen mehr auf die Nöte, Probleme und vor allem die Zeichen der Zeit ihrer Region einlassen. Ich erachte es als notwendig, mit mehr Mut und klarer und deutlicher Stimme Stellung zugunsten einer Problemlösung im Geiste des unbequemen und immer wieder neu herausfordernden Jesus zu beziehen.
2. Frustriert dachte ich mir oft, daß Christentum doch mehr sein müßte als ein Amt oder Gesetze, die mich gängeln wollen. In der Bibel konnte ich meine Überzeugung bestätigt finden, daß Gebote (die des Alten Testaments) nicht ausgereicht haben, den Menschen zu befreien. Er brauchte die rettende Ankunft Jesu, der den Geboten und Moralvorschriften wieder ihren angestammten Platz zuwies, nämlich dem Menschen zu dienen. Entsprechend wird der Weg zur Seligkeit nicht allein schon durch formal richtiges Tun garantiert (zum Beispiel über den Gehorsam gegenüber Gesetzen und Geboten) und somit von einer der eigenen Erfahrung oft weit entfernten Spiritualität, sondern durch die Weite eines liebenden Herzens, so wie uns auch Maria durch die Jahrhunderte als die große Lauschende und »Meditierende« vor Augen gestellt wurde.
Karl Rahner sagte einmal: Der Glaubende der Zukunft wird ein Mystiker sein, das heißt einer, der etwas erfahren hat, oder er wird nicht mehr sein. Dem heutigen Menschen müssen Wege zur eigenen Gotteserfahrung aufgetan werden. Erfahrung gestaltete Menschen schon immer nachhaltiger um, als es Wissen und Gebote je konnten. Auch bei mir wuchsen Erkenntnis und Sicherheit um die

Anwesenheit des göttlichen »Du« in der »direkten« Begegnung und gestaltete sich im ständigen Prüfen und Ringen ein individueller Lebens- und Glaubensweg – ein Weg, auf dem das Vertrauen auf und das Zugehörigkeitsgefühl zur Gemeinschaft der Glaubenden in der katholischen Kirche sowie eine Art Verantwortungsbewußtsein für die neben mir auf diesem Weg Gehenden wuchsen. Und dieser im eigenen Lauschen, Hören, Ringen, Suchen gewachsene Dialog mit dem göttlichen »Du« ist stärker als die »Fesseln« dessen, was man aufgrund bestimmter kirchlicher Verordnungen zu glauben, zu denken oder zu tun hätte.

Sofern sich Kirche auf die Bibel beruft, ist die Zeit (die es nie hätte geben dürfen) vorbei, in der es Herrschende und Knechte aufgrund eines elitären Wissens oder Geist-voll Lehrende und Geist-los zu Bekehrende gibt. Wenn wir uns auf die Quellen zurückbesinnen, werden wir eine Lern-, Weg- und Erfahrungsgemeinschaft werden müssen, in der jeder als so geisterfüllt anerkannt wird und so viel Vollmachten und Rechte hat, seine Stimme zu erheben, wie er sich Gottes Geist öffnen und zum geisterfüllten Sprachrohr Gottes werden kann.

3. Des öfteren erlebe ich Kirche als wenig erlösend und heilend, wenn ich sehe, wie Kranke und Leidende am Rande liegengelassen, wie der suchende Mensch (vor allem, wenn man ihn als »Sünder« bezeichnet) eher ausgegrenzt wird und wie Energie, Lust, Kreativität und spontane Lebensfreude der Menschen durch rigide Moralvorschriften gedämpft werden sollen. Außerdem begegne ich immer wieder blutleeren Existenzen von durch die Kirche sozialisierten Menschen, die sich als normal oder besonders fromm und christlich empfinden oder von Amtsinhabern als solche gelobt werden, bei denen aber nichts mehr von dem Frohmachenden der Botschaft Jesu zu finden ist. In der Bibel aber kann ich durchgehend erkennen, wie sehr die Sendung Jesu zu den Armen, Kranken, »Klei-

nen«, den »Sündern und Heillosen« betont wird. Nicht die Gesunden brauchen den Arzt, sondern die Kranken (Mt 9, 12), ist die Antwort Jesu auf die Vorhaltungen der Würdenträger seiner Zeit.
Jesus wollte (und will) den gesunden, heilen und »runden« Menschen, voller Energie und Lebensfreude, damit jeder von uns die Botschaft vom Kommen des Gottesreiches wirklich durch sein Leben verkünden kann (Ich bin gekommen, damit sie das Leben haben und es in Fülle haben, Joh 10, 10). Dieses biblische Potential wurde mir gerade in den letzten Monaten während meines Aufbaustudiums in Krankenpastoral und Klinikseelsorge deutlich, als wir uns konzentriert mit Gesundheit und Krankheit sowie Heil und Unheil auseinandersetzten. Dadurch wuchs meine Überzeugung, daß die im Augenblick noch über weite Strecken wenig heilende und befreiende Frömmigkeit in der Kirche nicht das letzte Wort sein kann, daß es aber möglich ist, diese Kräfte in der Kirche weiter auszubauen, da die Grundlagen dafür durch Jesus selbst gelegt wurden.
4. Zugegebenermaßen sind es nicht gerade wenige theologische Schriften unserer Zeit, die mich frustrieren, ärgern oder entmutigen; Dokumente, wonach alle möglichst im Gleichschritt denken und marschieren müßten, in denen Laien der Heilige Geist und somit eigene Erkenntnis, Handlungs- und Entscheidungsfähigkeit in der Kirche abgesprochen werden und die Menschen mit »Du sollst« und »Du mußt« in die alte Knechtschaft zurückgeführt werden sollen.
Aber es gibt auch die anderen Texte, worin zum Beispiel Erlösung von allgemein verständlichen Gegebenheiten her betrachtet wird, über weite Strecken nachvollziehbar ist und uns nicht nur ein religiöser Überbau übergestülpt wird. Texte, in denen man etwa die Menschwerdung Christi aus der Perspektive der Welt ansehen und verstehen kann (vgl. Karl Rahner). Texte, die mit einer Prise

Humor gewürzt sind und in denen sich die Schreiber bei aller professionellen und klerikalen Sicherheit doch ihrer menschlichen Gebrechlichkeit und »Unwissenheit« bewußt bleiben.

Auch eine ganze Anzahl von Texten des Zweiten Vatikanums sehen Kirche nicht nur als klerikale Hierarchie, sondern als geschwisterliche Gemeinschaft des unterwegs seienden Gottesvolkes. Leider sind diese Texte sowohl kirchenintern als auch unter ihren Kritikern noch viel zu wenig bekannt, geschweige denn verwirklicht, oder schon wieder vergessen. Trotzdem sind es Texte wie diese, die mir Mut machen, da sie Zeugnisse sind für den Aufbruch der Kirche in unsere Zeit hinein. Sie geben mir dadurch das Gefühl, mit meinen theologischen Gedanken und meiner Glaubensüberzeugung nicht außerhalb zu stehen bzw. lassen mich für die Zukunft der Kirche hoffen.

5. Manchmal, wenn »das Maß wieder einmal voll war« und die Fluchttendenzen in mir wuchsen, tat es gut, Freunde, besonders aus dem Klerus, zu hören, die ähnlich denken und fühlen. Einer dieser Freunde antwortete mir einmal auf meine Frage, warum er bei allem Ringen und allen Anfeindungen in der Amtskirche aushielte: Wir dürfen den Traditionalisten und Konservativen weder in Politik noch in der Kirche allein das Ruder überlassen, denn auch wir sind Kirche, und die Menschen an der Basis brauchen uns als »Hoffnungsträger«. Diese kritisch denkenden, mahnenden und sich trotz aller Anfeindung nicht den Mut nehmen lassenden Vertreter des Klerus geben auch mir Mut und Hoffnung, besonders wenn sie in höheren Rängen unserer Kirche zu finden sind. Hier denke ich zum Beispiel an Bischöfe wie Franz Kamphaus, Jacques Gaillot von Evreux oder Erwin Kräutler im Amazonasgebiet. Diese Christen und Amtsträger haben weniger fertige Antworten, leben und reden freier. Wenn man ihnen begegnet, spürt man eine andere Ausstrahlung, und sie gehen menschlicher mit »Problemgruppen« um, wie

zum Beispiel »Andersdenkenden«, (Aids-)Kranken, Homosexuellen, den »Armen«. Sie sind es, die mich spüren lassen, daß Jesu Geist noch in unserer Kirche weilt. Und mit ihrer Treue stärken sie auch meine Überzeugung, zu dieser Kirche weiterhin gehören zu wollen.
Mancherorts wird schon das Sterben von Kirche eingeläutet, und viele verlassen das vermeintlich sinkende Schiff. Aber bedeutet das Absterben unserer bürgerlichen Großkirche wirklich auch das Sterben der Kirche Jesu Christi? Mir scheint eher, daß es da eine ganze Anzahl von neuen Trieben am alten Stamm Jesse gibt. Allein die, die ich während der letzten drei Jahre kennengelernt habe, lassen sich nicht alle hier aufzählen. Deshalb möchte ich stellvertretend nur drei nennen:
– Bose in Norditalien: eine ökumenische Kommunität, im Aufwind des Zweiten Vatikansichen Konzils gegründet. Diese Gemeinschaft von Männern und Frauen lebt nach den Regeln der Wüstenväter mit ostkirchlich inspirierter Liturgie und einem Schwerpunkt auf Bibelarbeit.
– Communauté de Jerusalem: »Mönche der Stadt«, Männer und Frauen auf der Seine-Insel in Paris stehen mitten im Alltag der Menschen ihrer Zeit und leben trotzdem kontemplativ in benediktinischer Tradition.
– Besonders in der großen Familie von Charles de Foucauld bin ich einem anderen Gesicht von Amtskirche begegnet. Hier konnte ich Menschen treffen, die, nach ihrem Lebensstil, ihrem Zuhause und ihrem Einsatz für »Menschen zweiter Klasse« gefragt, ohne rot zu werden sagen können: »Kommt und seht« (Joh 1,39).
Ich glaube, wir müssen einfach etwas umdenken und, statt über das Sterben von Kirche zu klagen, neugierig und offen auf das Neue schauen, das wachsen möchte. Dorthin sehen, wo auch durch das Einbringen unseres eigenen Lebens neues Leben, wenn vielleicht auch ganz unverhofft und in unerwarteter Gestalt, befreiend aufkeimen will.
6. So komme ich trotz allen Ringens in und mit der Insti-

tution Kirche zu dem Schluß, mich in ihr beheimatet zu wissen, wenn auch nicht als gut geschmiertes, im Gleichtakt funktionierendes Rädchen. Wichtig ist mir dabei die Erinnerung an die Frauengestalten, die das Bild unserer Kirche durch alle Jahrhunderte mitgeprägt haben: an Ruth, Miriam oder Judith, Maria, Martha oder Maria Magdalena, an Katharina von Siena, Hildegard von Bingen oder Teresa von Avila. Mit weiblichem Charme, manchmal auch Schläue, Zähigkeit, aber auch mit mäßigender Klugheit haben sie für die Verwirklichung ihrer Ziele gekämpft. Sie waren unbequeme Prophetinnen und Mahnerinnen für die Gemeinschaft der Kirche und deren Vertreter. Sie wurden verleumdet, sind auf dem Scheiterhaufen gelandet, haben gewagt, den Papst zu kritisieren, gegen herkömmliche gesellschaftliche oder religiöse Regeln verstoßen, haben an der Kirche gelitten, sind an ihr verzweifelt, aber sie haben sie auch zutiefst geliebt, wurden von ihr verfolgt, verteufelt und doch heiliggesprochen.
Sie haben letztendlich trotz aller Hindernisse, die sich ihnen in den Weg stellten, nie den Mut verloren, für die in ihren Gottesbegegnungen geschauten oder in langem Ringen erkannten Wahrheiten einzutreten. Dies macht mir Mut, meinen Weg unbeirrbar weiterzugehen, mich in »bester Gesellschaft« zu fühlen. Und wenn die Stimmen gar zu stark werden, die den Frauen die Emanzipation in der Kirche verwehren wollten, denke ich an Maria Magdalena. Sie wurde von Jesus zu den Aposteln gesandt, um die frohmachende Botschaft seiner Auferstehung als erste zu verkünden, und bekam so zu Recht den Beinamen: »apostola apostolorum.« Eine Frau als erste Verkünderin der nachösterlichen Kirche! Wer hätte das gedacht?
Etwas »Tröstendes« kann ich in dieser Bibelstelle noch finden: Auch Maria Magdalena wurde von der Jüngergemeinschaft nicht geglaubt (Mk 16,11), obwohl vielmehr gerade diese es hätten besser wissen können und sollen.

Ob dies nun verschiedenen Vertretern von Kirche genehm ist oder nicht: Wir Frauen sind zur Verkündigung und gleichberechtigten Mitarbeit in der Kirche gesandt. Jedenfalls sind solche Widerstände kein Grund, aus der Kirche auszuziehen. Von den großen Propheten und Heiligen habe ich gelernt, daß es gilt, auch bei Gegenwind das einmal Erkannte durchzuhalten. Gerade im Gegenwind werden neue ungeahnte und gewaltige, umwandelnde Kräfte freigesetzt.

Rita Kallabis MC, geb. 1964 in Liblar, lebt seit Oktober 1991 in Leipzig. Studium der Sozialpädagogik von 1984 bis 1987 in Heidenheim/Brenz. Eintritt in die Gemeinschaft der Missionarinnen Christi im Jahre 1987. Geschäftsführerin beim Caritasverband Leipzig.

Aufbruch im Osten – Leben live

Wie bin ich nur auf die Idee gekommen, mich auf dieses Buchprojekt einzulassen? Was habe *ich* denn mit Kirche zu tun (außer, daß ich in ihr viel Arbeit habe)?
Klar, getauft bin ich. Und an ihren ausgefransten Randzonen bin ich auch katholisch aufgewachsen. An einem Zipfel der Fransen bin ich sehr früh hängengeblieben: Worte wie »Gerechtigkeit«, »Raum für alle«, »alle dürfen kommen« (na ja, kommen dürfen sie ja, aber sie *brauchen* es doch nicht unbedingt) und »Du bist gefragt, ja, ganz Du, so wie Du bist« sind bald schon tief in mich gefallen, auch wenn ich sie sehr selten gehört habe. Und die Sehnsucht nach der großen Geborgenheit war da, nie erfüllt, aber auch nie so enttäuscht, als daß nichts mehr angekommen wäre.
In dem kirchenfernen und zum Teil auch kirchenver-

schreckten Lebensumfeld, das meine Familie bis heute prägt, konnten diese zarten Pflänzchen kaum wachsen. Die Zeugen Jehovas waren da schon aktiver und attraktiver – zumindest für meine Mutter. Hier kam die Kirche ins Haus, sozusagen auf dem Silbertablett. Und sie hat es sich gefallen lassen, daß jemand kam und ihr etwas brachte. Nur beim Antworten blieb sie stur. Von Moral- und »Du-mußt«-Appellen hatte sie schon mehr als genug (und ich auch).

Ausgeflogen, sobald es ging, bin ich auch ausgezogen, »Gott zu suchen«. Bei jeder Frage, warum ich in der Kirche bin, unzählige Male gestellt, komme ich an diesem Unnennbaren, Unfaßbaren, nur Umschreibbaren, nicht vorbei. Von ihm her kommt das für mich unabdingbare, »glaubhafte Motiv«, auf das Drewermann insistiert, wenn er von glaubhafter Ehelosigkeit spricht. Doch dies gilt bei weitem nicht nur für die Ehelosigkeit. Es hat zu tun mit dem Einbruch Gottes in mein Leben. Dieser geschieht vielfältig, bewegt, aber viel mehr noch nüchtern, alltäglich, mitunter staubtrocken. Ich kann Gott (welches adäquate Wort gibt es?, bei mir heißt er/sie Du) nicht mehr leugnen. Mir bleibt nichts übrig, als mich auf Du einzulassen. So wie ich bin. So wie die Welt ist. Nicht anders.

Und darum bin ich auch in der Kirche. Es ist eine entschiedene Konsequenz aus dem Leben mit Du. Dabei fragt die Heilige Geistin manchmal nach schier Unmöglichem. Ordensfrau zum Beispiel wollte ich nie werden. Und auch jetzt noch möchte ich wahnsinnig gerne Kinder. Dann wollte ich immer nach Brasilien, nicht nach Leipzig. Doch mich auf ihren Anruf einzulassen, führt zu mehr Leben, mehr Lebendigkeit. Das ist auch mein wichtigstes Kriterium, die Geister zu unterscheiden, wenn ich unsicher werde an mir, meinem Weg, dieser Kirche. Früher geschah diese Unterscheidung wohl mehr unbewußt – was dafür spricht, daß in allen Menschen die Fähigkeit

zur Wahrheit steckt. Ich habe mich immer nur einen Schritt weiter eingelassen, gespürt, wie es mir damit geht. Und jedesmal konnte ich zum nächsten Schritt ja sagen.
Mit dem Kriterium »Leben« schaue ich auch die Kirche an. So viel Ungerechtigkeit und Kälte trat meiner radikalen Suche nach Leben entgegen. Und je mehr ich mir als Frau in der Kirche bewußt wurde, desto schwerer fiel mir das Atmen. Heftig und bitter wurde die Kritik in mir – bis ich nicht mehr wollte. – Ich mag nicht mehr mich und andere mit bitterer Galle anfüllen.
Ohne Wahrhaftigkeit geht es nicht, ohne Ehrlichkeit, ohne Deutlichkeit. Wenn sie nicht kritisiert würde, wäre es der Tod der Kirche. Doch wo die Kritik im Mittelpunkt steht und nicht Du, da ist es mein Tod und derer, die mit mir glauben.
Mit Menschen geht es mir ähnlich, könnten sie doch an meinen radikalen Seiten unter die Räder geraten. Der Ausweg ist hier, wie gegenüber der Institution Kirche, meine Lieblingstrilogie, Antwort auf die Frage, was wahrer Glaube ist: Gerechtigkeit – Barmherzigkeit – Treue.
Ohne Wahrhaftigkeit, Deutlichkeit, eben Gerechtigkeit, geht es nicht. Doch unsere Kirche besteht aus Menschen, begabt, begrenzt und zu allem fähig. Ohne Barmherzigkeit können wir Menschen nicht leben. Und weil ich mich für Du entschieden habe, gehe ich – »in Treue« – die Menschen-Wege der Kirche mit, die Wege, die mir möglich sind. In vielem gehe ich mit, auch wenn ich nicht ganz dahinterstehe. Aber im »Erst-einmal-Mitgehen« habe ich schon eine ganze Menge entdeckt. Eben – auf die Lebendigkeit kommt es an.
Bei dieser Entdeckungsreise hat die Heilige Geistin viele Möglichkeiten, ganze Lichterketten aufgehen zu lassen. Zum Beispiel habe ich zwei Jahre lang als Friedensarbeiterin in einem links-alternativen Projekt gearbeitet, wofür mich meine Gemeinschaft, Missionarinnen Christi, freigestellt hatte. Gewaltfreiheit/gewaltfreie Aktionen, alter-

native Ökonomie und Frauenbewegung waren meine Arbeitsschwerpunkte. In dieser Zeit als »verrückte Schwester«, mitten unter anarchistisch begeisterten Menschen, kam mir eine Ahnung von dem, was Kirche meint. Die unbedingte Sehnsucht nach Leben, gepaart mit dem immer entschiedeneren Einsatz gegen alles, was Leben verhindert, zerstört, und das Leben zu teilen mit allem, was es bringt. Selten habe ich »glaubendere« Menschen erlebt – Menschen, die sich selbst nie so bezeichnen würden. Unsere realexistierende deutsche (westliche?) Kirche wird zugrunde gehen. Übrig bleiben wird, was lebendig ist. Die Kraft, die Glauben heißt, ist da, vielfältig, überall, in alten und ganz neuen Kleidern. »Wo zwei oder drei in meinem Namen versammelt sind ...«
Mit diesen Erfahrungen im »Hintergrund« kam ich 1991 zusammen mit zwei Mitschwestern nach Leipzig. Aufgebrochen waren wir auch in ein neues Kapitel der Geschichte unserer Gemeinschaft. Was unsere Aufgabe hier ist, wollten wir herausfinden durch Zuhören und Hinschauen. Unser »Auftrag«, wenn man ihn so nennen kann, war es, im wiedervereinigten Deutschland miteinander leben zu lernen, durch unser Dasein diesen Prozeß der Einheit mitzutragen. Bevor wir loszogen, war mir eines klar: In der organisierten Kirche arbeite ich nicht. Da sind schon zu viele von unseren Schwestern. Sauerteig, nicht Hefeklumpen sollen wir sein.
In meinem Beruf als Sozialarbeiterin standen mir viele Möglichkeiten offen. Nur – daß die Kirche in Leipzig so klein ist, damit hatte ich nicht gerechnet. Noch nicht mal fünf Prozent der Katholiken leben in Gemeinden, in denen es einen dörflich zu nennenden Grad des gegenseitigen Kennens gibt. Und Fachkräfte in kirchlichen Berufen waren Mangelware. Zwischen Rückzug in die alten Nischen und Aufbruch in die unbekannte Weite, selbst-bewußt und fragend: So kam mir alles vor – und ich mir selbst auch. Den Widerstand gegen die organisierte Cari-

tas aufgebend, ließ ich mich anfragen und hineinnehmen in einen turbulenten Prozeß. Die winzige Caritas von vor der Wende suchte einen neuen Stand in der neuen Zeit. Die ersten Monate waren hart, konfliktreich. Wir mußten erst zusammenwachsen. Langsam wuchs eine neue Geschichte. Eine Leitung wollte ich nicht übernehmen. Dazu war ich nicht gekommen. Doch dann wurde von heute auf morgen alles anders. Ein Unfall stellte die Welt auf den Kopf.

Nun leite ich doch. Kam ich mir am Anfang bei der Caritas wie ein Chamäleon vor, so war durch die Übernahme der neuen Aufgabe die Rollen- und Selbstbildkonfusion zeitweise komplett. Ich bin in einer Position, die nur wenige Frauen kennen. Auf dieser Ebene der organisierten Caritas komme ich mit vielen Männern zusammen, »Potentaten«, lerne auch hier, genauer hinzuschauen.

Nicht nur mein Frauenbild in der Kirche hat sich verändert, auch mein Männerbild bekommt neue Formen. Von hier bekomme ich die Sehnsucht von Männern nach einer lebendigeren Kirche sehr deutlich mit. Und ich kann hier leben, ohne »männlich« werden zu müssen, ohne zu verbiegen. Das hätte ich nie gedacht. Und ich erlebe: Es ist wichtig, gerade als Frau hier zu sein, mit meinem Führungsstil, meiner Art zu leben und zu arbeiten. Ob wir hier im Osten einfach eine Portion mehr Freiraum haben für solche neuen Wege?

Manches mache ich anders, manches genauso wie meine Kollegen. Ich mache genauso viele Fehler, habe genausoviele gute und weniger gute Seiten. Doch die Handschrift läßt sich erkennen. Es geht nicht um »besonders« oder »besser« oder »schlechter«. Es geht um die Vielfalt möglicher Antworten und Wege. Und auch für die Caritas ist es fatal, wenn sie Frauen mit aufsteigender Tendenz ausblendet. Dagegen erlebe ich es als gut, als Frau präsent, sichtbar, erfahrbar zu sein, mich einzumischen, mitzugestalten. Wie notwendig es ist, wenn die Mitarbeiter/innen

ausgewogene Teams bilden, erleben sie inzwischen selbst, ja sie achten selbst schon auf Parität.
Es ist gut, Frauen genauso zum Zug kommen zu lassen wie Männer. Und es ist möglich, dies hier, an dem Ort, zu der Zeit, zu tun, wo ich bin. Für mich ist das eine neue Erfahrung von Kirche, eine neue Erfahrung, Kirche zu sein. Und weil ich Kirche bin, kann ich Kirche gestalten, muß ich sogar. Diese Verantwortung nimmt mir niemand ab.
»Kommt alle zu mir ...«; das fällt mir oft ein, wenn ich uns alle hier so anschaue – Leben live. Wir alle, aus Ost und West, tragen schwer an unseren Lebenspaketen. Diese Pakete, vielmehr uns selbst, nehmen wir hinein in den Aufbau. Dieser Aufbau ist geprägt von der notwendigen Auseinandersetzung mit der Vergangenheit. Er geschieht in eine sich ständig noch wandelnde neue Ordnung hinein. Aber diese »neue Ordnung« trägt jetzt schon Zeichen des neuen Untergangs, weil in ihr die Richtung, die Lebensfrage nicht stimmt. Manchmal denke ich mir: Wir Frauen in der Kirche und wir hier im Osten sind schon von morgen, weil wir so sehr hoffen. Und wer behauptet, wir träumten, sieht nicht, wo unsere Füße stehen.

ANGELA KAUPP, geb. 1960 in Köln, lebt in München. Studium der Theologie (Dipl.) und der Pädagogik (Dipl.) von 1980 bis 1986 in Würzburg. 1987 bis 1992 Pastoralreferentin in der Diözese Würzburg. Zur Zeit Referentin für Gemeindekatechese beim Deutschen Katecheten-Verein (dkv) in München. Langjähriges Engagement in der Jugendarbeit.

Wer will, daß die Kirche so bleibt, wie sie ist, der will nicht, daß sie bleibt

Die Glocke schlägt, der Gottesdienst beginnt: Drei Priester und zwei Ministranten kommen aus der Sakristei, ziehen in den Chor der Kirche ein und setzen sich auf die Stühle, weit vorne und weit oben. Es ist ein Wortgottesdienst zu Beginn der österlichen Vorbereitungszeit. Ich bin fremd in dieser Stadt, in dieser Gemeinde. Dieser Gottesdienst ist eine Chance, habe ich gedacht, die Gemeinde näher kennenzulernen und mich auf die folgenden Wochen einzustimmen, mein Leben vor Gott zu stellen und Ruhe zu finden. Aber dazu gibt es wenig Gelegenheit, statt dessen höre ich eine Predigt über die böse Welt, von der es sich abzukehren gilt. Enge, Angst und Schuldgefühle werden hervorgerufen – auch von denen,

die den Gottesdienst leiten und in ihrer Haltung eben diese Enge und Angst vermitteln.
Mein Unbehagen wächst: Leben als Christ oder Christin geht doch nur in dieser Welt, auch Jesus lebte doch mit seinen Jüngern und Jüngerinnen in dieser Welt! Christsein und Gottesdienst haben doch etwas mit Leben, mit meinem Leben zu tun! Wo aber ist hier Platz für mich und mein Leben, wenn keine Gelegenheit zum Nachdenken gegeben wird, wenn Fürbitten – »zeitlos gültig« – aus einem Buch vorgetragen werden? Warum diese Zweiklassengesellschaft von den Männern da oben und uns, verstreut in den Kirchenbänken, hier unten? Das ist doch keine Feier! Was hat dieser Gottesdienst mit der Art und Weise zu tun, wie Jesus Menschen zur Veränderung ihres Lebens ermunterte? Was hat die Sprache dieses Gottesdienstes mit der Sprache gemeinsam, in der Jesus in Gleichnissen Gott als einen Mann schildert, der zu seinem Sohn barmherzig ist (Lk 15,11–32) oder als eine Frau, die das Verlorene sucht (Lk 15,8–10)?
Immer größerer Ärger steigt in mir auf und ich frage mich: Warum sitze ich hier? Warum gehe ich nicht?
In einer solchen Situation frage ich mich dann grundsätzlich: Warum bin ich überhaupt (noch) Mitglied dieser Kirche, wenn so oft in ihr von einem Gott des Lebens nichts zu spüren ist? Haben Freundinnen und Freunde recht, die sich schon lange abgewandt haben, die nichts mehr erwarten von Kirche und Gemeinde? Warum bin ich nicht gegangen, sondern arbeite – noch dazu hauptamtlich – in dieser Kirche? Warum engagiere ich mich als Frau in einer Kirche, deren Patriarchat eine fast unantastbare Aura hat? Fragen, die ich mir in den letzten Jahren immer wieder stellte. Eben weil so vieles nicht zu der Botschaft paßt, die Jesus uns vorgelebt hat. Weil Widersprüche zwischen Kirche und Evangelium nicht zu leugnen und auch nicht zu beschönigen sind. Es gibt Momente, in denen das »Warum« ohne Antwort bleibt. Aber es gibt an-

dere Zeiten, in denen ich spüre, daß diese Erscheinungsweise von Kirche nur ein Teil ist und für mich nicht der wesentliche.
Drei Gründe möchte ich nennen, die mir – trotz vieler Fragen – ein Ja zur Kirche ermöglichen:
1. Ich glaube an den Kern des Christentums, aus dem heraus sich Kirche entwickelt hat, an die Botschaft von Jesus Christus. Ich vertraue auf einen Gott, der will, daß wir als Frau oder Mann auf dieser Welt leben; der viele Unterschiede nicht kennt und nicht macht, mit denen wir versuchen, Menschen einzuteilen und auszugrenzen. Ich glaube an eine göttliche Kraft, die uns mit ihrer Lebendigkeit ansteckt und uns in Freiheit und ohne Ängstlichkeit handeln läßt.
2. Von dieser Kraft der Lebendigkeit habe ich in der Kirche manchmal etwas gespürt: Als Kind war es vielleicht das Geheimnisvolle, das mir eine besondere Nähe zu Gott ermöglichte. Als Jugendliche erlebte ich an religiösen Wochenenden, daß Gottesdienst und Kirche nichts mit steifen Formen zu tun haben, daß es keine unantastbaren Rituale gibt. Ich habe Gottesdienste mitgefeiert, in denen das eigene Leben und das gemeinsam Erlebte vor Gott gebracht wurde; Feiern, in denen Fragen und Bitten einander und Gott mitgeteilt wurden. Gottesdienste, die Freiheit atmeten und in denen wir mit unseren – noch so unausgereiften – jugendlichen Ideen Platz hatten.
Ich konnte in kirchlichen Jugendverbänden erleben, daß Kirche nicht »die da oben« oder »die Amtskirche« sind, sondern daß wir gemeinsam Kirche sind und als Volk Gottes dazu berufen, mit unseren Fähigkeiten Kirche zu gestalten. Ich habe in dieser Kirche Menschen getroffen, die für mich als Christen erkennbar und überzeugend waren und sind. Sie strahlten etwas aus, das ich »Weite Gottes« nennen möchte. Natürlich begegnete ich in meiner Kindheit und Jugendzeit auch Menschen, die Enge und Angst verkörperten und dies als ihre Form von Christsein

lebten. Aber die positiven Erlebnisse waren die wichtigen. Sie machten Glaube und Kirche für mich interessant und frag-würdig, d.h. der Nachfrage und kritischen Rückfrage wert. Positive Erlebnisse waren es, die mich zu dem Entschluß brachten, Theologie zu studieren, um als Frau Kirche auf diese Weise mitzugestalten. Die positiven Erfahrungen von einer Kirche, in der Gottes Freiheit wirkt, wollte ich gerne weitererzählen. Durch das Studium erkannte ich, daß heutiges Leben und heutige Erkenntnisse – theologische und humanwissenschaftliche – kein Widerspruch zum Glauben sein müssen. Ich konnte Verbindungslinien sehen und kann dies heute immer noch. Ich erfuhr, wie Kirche sich geschichtlich zur heutigen Gestalt entwickelte, und kam zu der Überzeugung, daß eine Weiterentwicklung im Sinne Gottes ist. Deshalb begann ich nachzufragen, wenn ich keinen Bezug zwischen (alten) Traditionen und heutigem Leben sehe, wenn mir liturgische Formen und Sprache heute unverständlich erscheinen. Das Studium gab mir auch einen wachen Blick dafür, wo Frauen in Bibelauslegung und Kirchengeschichte ausgeklammert wurden und werden. Immer mehr wuchs meine Überzeugung, daß dies nicht dem Evangelium entspricht, und mein Wunsch, an einer partnerschaftlichen Kirche mitzuarbeiten.

In verschiedenen Praktika und in meinen Tätigkeiten als Pastoralreferentin und nun als theologische Referentin lernte ich verschiedene Gemeinden mit unterschiedlichen Menschen und ganz verschiedenen Priestern kennen. In der Zusammenarbeit merkte ich: Ich habe Platz mit meinen Ideen und mit meiner Art zu glauben; gemeinsam bemühen wir uns um eine Kirche und eine Gemeinde, in der Partnerschaftlichkeit und Weite Gottes zu spüren sind; gemeinsam suchen wir nach neuen Formen, Glauben heute zu leben und auszudrücken.

3. Ein weiterer wichtiger Grund, warum ich mich in der Kirche engagiere, ist meine Überzeugung, daß die christ-

liche Botschaft auf Gemeinschaft hin angelegt ist. Ich brauche Menschen, mit denen zusammen ich versuche, als Christin zu leben. Es ist mir wichtig, Weggefährtinnen und Weggefährten zu haben, die mich ermutigen oder mein Denken und Handeln kritisch hinterfragen. Diese Anwesenheit von Menschen, die auch versuchen, christlich zu leben, gaben und geben mir für meinen Glauben eine sogenannte »Plausibilitätsstruktur«. Mein Idealbild dieser Gemeinschaft ist möglichst vielgestaltig, so wie sich das Leben in seiner Fülle und Verschiedenartigkeit zeigt: Verschiedene Generationen, verschiedene Geschlechter und Nationen bringen sich, ihre Lebenssituation und ihren Glauben gleichermaßen und gleichberechtigt ein. Die Wahrheit wird gemeinsam gesucht. Vielleicht eine Utopie, dennoch hoffe ich immer noch, daß dieses Ideal nicht in einer christlichen Sondergemeinschaft, sondern in einer »normalen« (Pfarr-) Gemeinde lebendig werden kann, weil hier die unterschiedlichsten Menschen sich treffen und sich einbringen könnten.
Leider habe ich auch erfahren, daß mein Idealbild und mein Wunsch, die Kirche möge heutige Lebensäußerungen zulassen, auf Ablehnung und Angst stoßen. Impulse zur Veränderung werden oft nicht als konstruktiv, sondern feindschaftlich empfunden. Ich möchte jedoch in Anlehnung an einen Satz von Erich Fried (»Wer will, daß die Welt so bleibt, wie sie ist, der will nicht, daß sie bleibt«) in bezug auf die Kirche behaupten: Wer will, daß die Kirche so bleibt, wie sie ist, der will nicht, daß sie bleibt. Das gilt meines Erachtens für die Gemeinde am Ort ebenso wie für die Gesamtkirche.
Für mich und mein Engagement in der Kirche ist entscheidend, daß Kirche die verändernde Kraft Gottes zuläßt. Noch habe ich die Hoffnung, daß Veränderungen – im selbstkritischen Rückbezug auf Schrift und Tradition – möglich sind. Und solange ich diese Hoffnung nicht aufgegeben habe, erhebe ich Einspruch, wenn ich glaube,

daß nicht das Evangelium, sondern eine andere Botschaft verkündet wird. Konflikte sind dabei nicht zu umgehen, weil geltende Machtstrukturen hinterfragt werden. Manches verändert sich (leider) erst durch Auseinandersetzung. Gerade als Frau in der Kirche merke ich, daß diese Auseinandersetzung ausgetragen werden muß, weil wir – oft unberechtigt – in Grenzen verwiesen werden. Unberechtigt deswegen, weil Jesus anders handelte: Während er in seinem Verhalten Frauen gegenüber der gesellschaftlichen Situation voraus war, kann Kirche dies heute nicht für sich reklamieren. Die Zukunft der Kirche und meine Zukunft in ihr hängen davon ab, ob Menschen gemeinsam Wege suchen und sich Lebensräume ermöglichen oder ob an starren Grenzen festgehalten wird.
In meiner Hoffnung auf Gottes Kraft, die zu neuen Schritten ermutigt, stärkt mich manchmal der Blick in die Kirchengeschichte; der Blick auf Menschen, die erst beim zweiten oder dritten Anlauf mit ihrem Glauben in der Kirche zu Wort kamen. Es tröstet mich etwas, daß es fast allen so erging, die heute als Heilige verehrt werden. Die Haltung der Kirche scheint im Laufe der Zeit veränderbar. Fragen bleiben.
Ich hoffe, daß Gottes Geist wirklich weht, wo er will!

Doris Lindenblatt, geb. 1952 in der Oberpfalz, lebt in Hamburg. Studium der Erziehungswissenschaften 1971–1975 in Tübingen. Zusatzausbildung als Supervisorin 1991–1994 Akademie Münster (DGSv). Berufliche Tätigkeiten: Jugendarbeit, Jugendbildungsarbeit, Erwachsenenbildung, Leitung der Abteilung »Grundsatzfragen« beim Deutschen Jugendherbergswerk, seit 1994 freiberuflich tätig in der Erwachsenenbildung und als Supervisorin. Diverse Veröffentlichungen (Pädagogik, Theologie, Lyrik); Engagement für Frauenprojekte in der »Dritten Welt«.

Was mir lieb ist, läßt mich nicht kalt

Als ich mich 1976 nach dem Studium der Erziehungswissenschaften spontan, aber bewußt, dazu entschloß, meine erste Arbeitsstelle in einem – damals von der Amtskirche sehr umstrittenen – Jugendzentrum in Innsbruck anzutreten, sagte mein Vater: »Du, paß auf, daß du deinen Glauben nicht verlierst, wenn du hinter die Kulissen der Amtskirche schaust.« Er wußte, wovon er sprach, hatte er doch sein »Ehren-«Amt als Rendant unserer Gemeinde nach für ihn unverantwortbarem Umgang des Pfarrers mit Kirchengeldern niedergelegt.
In all den Jahren meiner kirchlichen Tätigkeit habe ich den tiefen Sinn des väterlichen Rates begriffen. Hautnah be-

kam ich oft die Diskrepanz zwischen der frohmachenden Botschaft des christlichen Glaubens einerseits und der Tatsache, daß die Institution Kirche andererseits oft unglaubliches Leid und auch Frustration schafft, zu spüren. Ein Beispiel unter vielen will ich schildern – ein Erlebnis mit dem vor Jahren für meinen Bereich zuständigen Weihbischof: Dem Frauenreferat wurde sehr kurzfristig mitgeteilt, daß »man« für selbiges einen Umzug in die Wege geleitet habe. Als ich dem Weihbischof in einem persönlichen Gespräch sagte, daß ich mir gewünscht hätte, daß die Betroffenen vorher in die Überlegungen miteinbezogen worden wären, vergaß er jegliche Form und wies mir augenblicklich die Tür mit der zornigen Bemerkung: »Sie bilden sich wohl ein, auch noch in unsere Entscheidungen eingreifen zu können.« Auf diese Art hatte ich noch nie einen Raum verlassen. Nach Tagen teilte ich dem Weihbischof meine Enttäuschung über den Ausgang unseres Gespräches schriftlich mit. Nach Wochen kam ein Entschuldigungsversuch, der auf »Mißverständnis« lautete, aber an der genannten Entscheidung festhielt. Das hieß für unsere basisorientierte Frauenarbeit »Ignoranz von oben«. Solange wir keine Fragen oder gar Forderungen stellten, war unsere Arbeit gut. Wehe jedoch den »Schafen«, die den Hirten zeigten, daß sie mitdenken können!
Dennoch – gerade die ungezählten Begegnungen und das gemeinsame Arbeiten mit Menschen allen Alters und unterschiedlichster Herkunft, die wie ich davon überzeugt waren und größtenteils noch sind, daß Kirche erst durch unser Handeln und Dabeisein – auch für Außenstehende – erfahrbar wird, sind für mich nachhaltig lebendig. Gerade weil dies für mich aufgrund einer gemeinsamen Glaubensbasis erlebbar war und ist, sind diese Jahre des haupt- und ehrenamtlichen Engagements in der Kirche ein wesentlicher und positiver Bestandteil meines Lebens. Nur vor diesem Hintergrund konnte ich die andere Seite, nämlich den oft schmerzlichen »Blick hinter die Kulissen«

der Kirche als Institution, hoffnungsvoll – und bis heute unbeirrbar – ertragen.
Insbesondere meine langjährige Erfahrung in der kirchlichen Frauenarbeit war für mich eine ständige Herausforderung, das Ermutigende und Belebende der Botschaft Jesu innerhalb der Institution Kirche erfahrbar zu machen, aber auch einzufordern. Hier gilt es nach wie vor, die Rede vom »lieben Gott« an der Praxis zu messen. Das bedeutet nicht nur die Kritik am widersprüchlichen Verhalten so mancher Amtsträger, die als »Stellvertreter Jesu« dessen beispielgebendes Verhalten gerade in bezug auf Frauen bis heute oft ad absurdum führen. Ganz besonders wichtig war und ist es, daß Frauen und Männer in der Auseinandersetzung mit dem, was wir glauben, zu mündigen, dem eigenen Gewissen verantwortlichen Mitgliedern dieser Kirche werden können. Und genau hier beginnt für mich der belebende Dialog, ohne den es kein Leben gibt – auch nicht in der Kirche. Die Kirche, das sind wir! Kirche, das sind auch die Menschen, die die Konfrontation mit anderen Meinungen nicht scheuen, sind Menschen, die über den eigenen Tellerrand hinausschauen und nicht nur ihr je eigenes »Süppchen« kochen.
Auf dem Weg, den Glauben meiner Kindheit ständig neu in mein aktuelles Leben zu übersetzen, blieb und bleibt die Konfrontation mit verhärteten und machtkonzentrierten Strukturen der Institution Kirche nicht aus. Das galt für mich als hauptamtliche Mitarbeiterin und gilt bis heute, wo ich mich ohne Gefährdung meines Einkommens von der Kirche abwenden könnte. Aber was mir lieb ist, läßt mich nicht kalt. Mein Glaube ist eine meiner biographischen Wurzeln. Und nach wie vor bedeutet mir der Satz aus dem Alten Testament sehr viel: »Ich habe dich bei deinem Namen gerufen, du bist mein.« Diese meine Geborgenheit im Glauben an einen mütterlichen und väterlichen Gott fordert meine Antwort, macht meine Verantwortung als mündige Christin aus. Hinzu kommt die

Ermutigung Jesu, die er Frauen und Männern so oft zusprach: »Fürchte dich nicht«. Davon fühle ich mich angesprochen, denn Jesus war zu seiner Zeit auch ein »Querdenker«, einer der angstfrei Fragen stellte, die berechtigt, für die sogenannten Gelehrten aber verunsichernd waren. – Machtfragen, die damals wie heute meist nicht im Sinne der Gerechtigkeit, sondern des Rechthabenwollens geklärt werden.

Ich habe erlebt, daß die Zahl der mündigen Christinnen wächst. Dazu gehören für mich auch Amtsträger, die offen sind für den Dialog und die daran mitarbeiten, daß die Kirche Jesu vom Leben Zeugnis gibt, weil sie sich auf das Leben heute einläßt, mit allen Herausforderungen und Widersprüchlichkeiten. Diese Erfahrung ist jedoch nur möglich, wenn wir alle die Berührungsängste abbauen, wenn wir auch die Wut über Ungerechtigkeiten und Unglaubwürdigkeiten in unserer Kirche zu äußern wagen. Dazu gilt es, nicht nachzulassen im konstruktiven Geschwisterstreit und solange durchzuhalten, bis Macht und Eitelkeiten hinfällig werden. So habe ich die Botschaft Jesu jedenfalls verstanden.

Adelheid Maier, geb. 1952 und wohnhaft in Billigheim Sulzbach/Odenwald; geschieden. Ausbildung zur Einzelhandelskauffrau von 1966 bis 1969 in Mosbach, tätig als kaufm. Angestellte bis 1979; seitdem Verwaltungsangestellte beim Landratsamt Mosbach, in dieser Anstellung seit 1987 Frauenbeauftragte des Neckar-Odenwald-Kreises im Landkreis Mosbach. Sie ist Personalratsvorsitzende beim dortigen Landratsamt und Vorsitzende des Fördervereins »Frauen- und Kinderschutzhaus« im Neckar-Odenwald-Kreis.

Als Geschiedene Katholikin zweiter Klasse?

»Schaff dir ein Kind an, dann sind deine Probleme gelöst!« Das war der Rat, den mir ein Pfarrer gab, als ich mich während meiner Ehekrise hilfesuchend an ihn wandte. Das Gespräch war kurz, und die nötige Hilfe, die ich erhofft hatte, erfuhr ich nicht. Dafür machte er mir indirekt ein schlechtes Gewissen, da ich es nicht schaffte, meine Ehe aufrechtzuerhalten. Auch von der Existenz einer Ehe- und Lebensberatungsstelle erfuhr ich nichts.
Ich ließ den Mut noch nicht sinken und ging in der Hoffnung, daß nicht nur mein Glaube trägt, sondern auch die Menschen, die diesen Glauben verkünden, auf andere Priester der umliegenden Gemeinden zu. Aber auch bei

diesen Gesprächen erfuhr ich wenig Hilfe. Ich hatte das Gefühl, daß meine scheiternde Ehe nicht in den üblichen Rahmen der pastoralen Angebote paßte und daß diese Situation bei meinem Gegenüber Hilflosigkeit hervorrief, die sie zu vorschnellen Antworten greifen ließ, was meine Not aber nur noch vergrößerte.
Bis zu diesem Zeitpunkt hatte ich in einer engen Bindung zur Kirche gelebt, weil in meiner Familie, in der ich aufgewachsen und erzogen worden war, Leben aus dem Glauben und Leben mit der Kirche unverzichtbar zusammengehörten. Nun, da ich mich in der bis dahin größten existentiellen Krise befand, mischten sich in mir Wut, Enttäuschung und Resignation über die Kirche. Mit wie vielen Gesten und Handlungen wurde in ihr »Hoch-Zeit« gefeiert! Für die »Tief-Zeit« gab es anscheinend kein Zeichen der Ermutigung.
Was mich damals noch in der Kirche gehalten hat, ist mir nicht ganz klar, vielleicht war es einfach »Treue trotzdem«. Nach wie vor ging ich regelmäßig zum Gottesdienst, ich betete viel und bat Gott, mir bei meiner Entscheidungsfindung behilflich zu sein. – Meine Ehe ging in die Brüche.
Nach meiner Scheidung wuchs mein Hader mit der Kirche. Ich fühlte mich ausgeschlossen, auch aus der Frauengemeinschaft unserer Kirchengemeinde. Ich hätte mir gewünscht, daß gerade Frauen auf mich zugekommen wären. Einer Einladung zu ihren Veranstaltungen wäre ich gerne gefolgt. Alleine dorthin zu gehen, dazu hatte ich damals weder Mut noch Kraft. Als Geschiedene fühlte ich mich aufgrund dieser Erfahrungen in der Kirche nicht mehr ganz zu Hause. Mir war klar: Wenn ich meinen Partner nicht durch Scheidung, sondern durch Tod verloren hätte, hätte die Sache wohl anders ausgesehen. »Scheidung durch Tod« erlebte ich als gesellschaftsfähiger, weil Trauer verstanden, vielleicht sogar mitgetragen wird als Antwort auf eine existentielle Verlusterfahrung.

So ging ich nun mit einer Gewissensentscheidung, um die ich lange und bitter gerungen hatte, meinen Lebens- und Glaubensweg weiter als »Katholikin zweiter Klasse«. Mit diesem Gefühl von Kirchenzugehörigkeit wäre es für mich leichter gewesen, auszusteigen als drinzubleiben.
Warum blieb ich dann doch? Mir scheint, daß ich diese Frage für mich letztlich nur von meiner tiefen Gottesbeziehung her beantworten kann. Gott bleibt »drin«. Er leidet in ihr und mit ihr und somit auch mit mir. Das ist die eine Seite. Die andere: Davonlaufen verändert nichts. Ich möchte mit meinem Leben, mit konstruktiver Kritik kämpfen für eine menschlichere Kirche, weil ich trotz meiner Erfahrung und Ent-Täuschungen den Mut zum Träumen nicht verloren habe.
Geholfen hat mir dabei die Begegnung mit einer bestimmten Person: Durch meine Aufgabe als Frauenbeauftragte des Landkreises begegnete ich Jahre nach meiner Scheidung der kirchlichen Frauenbeauftragten der Region: einer älteren Ordensfrau. Schon die erste Begegnung war Balsam für meine Seele. Ihre geradlinige Herzlichkeit und einfühlsame Wärme richteten mich auf und lösten in mir viel Angestautes. Von da an wußte ich, wo ich Antworten auf meine Fragen finden konnte. Ich erlebte Seelsorge, wie ich sie bisher vergeblich gesucht hatte. Diese Ordensfrau hat mir auch Brücken gebaut zu Menschen hin, die für mich glaubwürdig Kirche leben, als Amtsträger und als Laien. Das läßt mich versöhnter auf meine seelischen Wunden und Narben schauen.
Solche Beziehungen stärken mich auch in meinem Dienst. Täglich werde ich als Personalratsvorsitzende mit Problemen, Auseinandersetzungen und schwierigen Entscheidungen und als Frauenbeauftragte mit Frauenschicksalen konfrontiert, die in ihrer Tragik und in ihren Ausmaßen kaum vorstellbar sind. Aufgrund meines Einsatzes in der Frauenarbeit muß ich immer wieder sehr konkrete und massive Drohungen und Bedrohungen verkraften. Dabei

wird mir bewußt, wie wichtig es für mich geworden ist, als Glaubende verankert zu sein und Menschen zu haben, die mit mir gehen und mich ermutigen. Daß ich sie auch hier auf der kirchlich-regionalen Ebene gefunden habe, betrachte ich als besonderes Geschenk.

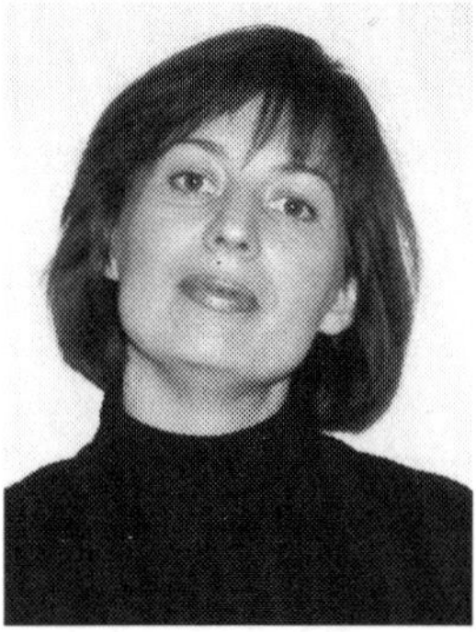

BEATE MNICH, geb. 1956 in Beuthen/Oberschlesien (Polen), 1976 Übersiedlung nach Deutschland, lebt in Stuttgart. Studium der Slawistik und Sprachwissenschaft von 1979 bis 1984 in Hamburg. Arbeitet seit 1986 als Redakteurin in einem Verlag.

Mit der Kirche, damit meine Seele nicht auf der Strecke bleibt

Noch nie zuvor hatten Menschen so viele Chancen, aber noch nie fühlten sie sich auch so verlassen und fremd in ihrer Welt. Nie zuvor verfügte eine Gesellschaft über mehr Wissen und mehr Wohlstand – ihre seelischen Defizite kann sie damit offenbar nicht ausgleichen. Die Esoterik ist inzwischen in den Alltag von Millionen von Menschen eingedrungen. Psychotherapeuten erleben Hochkonjunktur. Sekten erfreuen sich immer größeren Zulaufs. Mit Mystik begeben sich Menschen auf Sinn-Suche. Ist das womöglich eine Reaktion auf einen enttäuschten Glauben an Politik und Gesellschaft, auf verlorene Ideale und auf einen Konsum, der zum Zwang wird? Wir alle fragen und suchen. Jeder auf seine Weise mehr oder weniger. Benötigen wir nicht gerade jetzt, wo sich die Menschen offensichtlich auf Orientierungssuche befinden, eine Kirche, die uns überzeugt und uns Halt gibt? Es ist eine Tatsache, daß heute die Kirche – denkt man dabei an die vom Papst und den Bischöfen geleitete Institution – von vielen als problematisch empfunden wird. Man spricht ihr Glaubwürdigkeit und Überzeugungskraft ab. Zudem glaubt man, daß sie zu starr an überholten Normen festhält. Die Stellung der Kirche zu Sexualität, Zölibat und Ehescheidung belastet zunehmend das Verhältnis zu den Gläubigen, insbesondere zu den Frauen, die sich mehr und mehr von der Kirche abwenden.

Nun frage ich mich, was mich an meiner Kirche festhalten läßt. Als moderne, junge, selbstbewußte Frau von 37 Jahren stehe ich fest mit beiden Beinen im Leben, und gerade deswegen mache ich es mir nicht so einfach. Obwohl die Kritik an der Kirche heftiger wird, will ich nicht kapitulieren, sondern die weibliche Position in der Kirche stärken. Geboren wurde ich in einer religiösen deutschen Familie in Oberschlesien (Polen), wo die traditionsreiche Kirche bis heute im Mittelpunkt des Lebens eines jeden Katholiken steht. Ich fühlte mich wohl in dieser Kirche, in deren Strukturen ich schon als Kind und besonders als Jugendliche eingebunden war. Ich nahm regen Anteil an allen ihren Feierlichkeiten, sei es bei der Gestaltung von Jugendgottesdiensten, Andachten oder auch bei Prozessionen, die samt Kirchenchor und -orchester durch geschmückte Straßen mit aufgebauten Altären führten und von einer großen gemeinschaftlichen Verbundenheit und Innigkeit zeugten. Noch heute erinnere ich mich gern, wenn auch mit einer gewissen Distanz, an dieses kirchliche Leben, das in seiner Lebendigkeit so gar nicht dem Bild entspricht, das man sich im Westen so oft von ihm macht. Früh lernte ich dank meiner Mutter zu beten, zum Beispiel zum heiligen Schutzengel, später zu Gott und zur Mutter Gottes sowie dem heiligen Antonius mit der Bitte um Beistand bei Prüfungen und Klavierkonzerten in der Musikschule...

Mit 19 Jahren siedelte ich mit meinen Eltern nach Deutschland über, um kurz darauf mein Studium in Hamburg zu beginnen. Auch wenn ich in jeder Hinsicht eine glückliche Kindheit und Jugend verbracht hatte, genoß ich hier doch zum ersten Mal ein freies, selbständiges Leben. Ich partizipierte am reichen kulturellen Angebot und setzte mich mit der Kirche kaum auseinander; mein kirchliches Leben reduzierte sich auf sonntägliche Gottesdienstbesuche – aber immerhin! Offenbar waren die Wurzeln religiöser Erziehung so stark, daß ich allen »Versuchungen« und Freiheiten eines kirchlich ungebundenen Lebens widerstehen konnte. Allerdings hatte ich das Glück, einer Gemeinde mit einem modernen Pastor anzugehören, der stets das Gespräch mit seinen Gemeindemitgliedern suchte und dessen Predigten für mich eine permanente Herausforderung waren. Ich begann, Gott neu zu entdecken, und merkte, daß ich die Kirche mehr denn je brauchte, denn sie half mir, nicht nur Gott, sondern auch mich und meine Mitmenschen besser zu verstehen. Kirche trug auf diese Weise also wesentlich zu meinem Reifungsprozeß bei.
Als es mich dann vor einigen Jahren beruflich von Hamburg nach Stuttgart verschlug, mußte ich lange Zeit nach »meiner« Kirche suchen. Ich habe feststellen müssen, daß es vor allem, was das religiöse Leben der einzelnen Gemeinden betrifft, signifikante Unterschiede gibt. Positiv beeinflußt haben mich die Neuerungen der Pfarrgemeinde St. Eberhard. Hier sind Frauen unentbehrlich. Sie leisten sowohl im sozialen als auch im pastoralen Bereich ausgezeichnete Arbeit. In dieser Kirche finde ich durch eine lebendige Gottesdienstgestaltung und die zeitgemäßen, ansprechenden Predigten nicht nur Entspannung und neue Kraft, sondern Orientierung für das Leben im Alltag. Für mich ist es ein großer Gewinn, denn hier erfahre und erlebe ich Gott stets aufs neue. Obgleich es nicht einfach ist, Passivität und Resignation aus unserem Leben zu verban-

nen und dafür positive und aktivierende Kräfte freizusetzen, zeigt sich doch, daß es trotz heftiger Kritik an der Kirche und trotz globaler Ablehnung gegenüber kirchlichen Entscheidungen und Vorschriften manchen Gemeinden gelingt, in bezug auf Kommunikations- und Entscheidungsprozesse eine Intensivierung in der religiösen Praxis der Gemeinde zu erreichen. Dies ist doch Grund zur Hoffnung, warum also hilflos resignieren?
Ich glaube, daß, wenn wir die Impulse, die von beweglichen Kirchengemeinden ausgehen, aufgreifen, wenn die Gemeinden weniger klerikal sein werden, wenn die Partnerschaft zwischen Gemeindeleitern und Gemeindemitgliedern mehr betont wird, wenn sich Frauen und Männer gegenseitig fördern, anstatt sich gegenseitig zu schwächen, wir hoffen können, daß sich auch in der Amtskirche etwas ändern wird.
Dabei müssen gerade wir Frauen auf einen neuen Kurs zusteuern, das heißt eine Ethik entwickeln, die uns bewußt macht, daß wir große Verantwortung tragen. Nur wenn wir einander Mut machen, gegenseitiges Interesse zeigen, Verständnis füreinander aufbringen, in den Gemeinden den Dialog suchen, die Angst um uns selbst verlieren und Unterstützung bei den Seelsorgern finden, ist uns die Zukunft in der Kirche gewiß. Und diese wird eine Zukunft sein, die ganz bewußt die Urkirche zum Vorbild hat.
Deswegen sage ich ja zur Kirche – ich bleibe und kämpfe, denn in der Glaubensgemeinschaft lerne ich Gott besser begreifen, dort bleibt die Beziehung zu ihm lebendig. Gemeinsam mit anderen kann ich – das Leiden und Sterben Jesu Christi und seine Auferstehung vor Augen haltend – den Sinn des Lebens von neuem entdecken und das Leben neu wagen. – Gemeinsam mit anderen, und doch auch jede und jeder für sich. Ich freue mich, daß sich die St.-Eberhard-Kirche auf meinem Weg nach Hause befindet und mir offensteht. Immer wieder suche ich dort

Ruhe von der Hektik des Alltags. Dort nehme ich mir Zeit zum Nachdenken, um mich dann im Gebet auf ein Gespräch mit Gott einzulassen. Ihm darf ich sagen, was ich empfinde. Er ist mein Freund. Ich weiß, daß mich Gott bedingungslos liebt und daß er mich so nimmt, wie ich bin. Er gibt mir die Freiheit, mich für oder gegen ihn zu entscheiden, und er läßt mich nicht fallen. Ich muß gestehen, daß ich manchmal meine Schwierigkeit mit dem Beten habe, was Martin Walser zutreffend in seinem Roman »Halbzeit« zum Ausdruck bringt: »Ich bin stumm, wenn ich beten will...« Doch ich spüre, daß ich auch schweigend Gott begegnen kann. Ja, ich sage ja zur Kirche, auch weil ich diese Kirche brauche, damit meine Seele nicht auf der Strecke bleibt und der Weg zum Ziel ein Stück erlebtes Leben wird.

Ich bin in meiner Auseinandersetzung mit der Kirche noch nicht fertig, aber ich finde das nicht schlimm. Hoffnungsvoll lasse ich mich auf sie und auf Jesus Christus ein, heute und morgen, solange ich das Ziel vor Augen habe.

Hildegard Neubrand, geb. 1955 in Kipfenberg, lebt in München. Studierte Englisch und Französisch von 1976 bis 1981. Auslandsaufenthalte als Deutsch-Assistentin an einem Gymnasium in Nordengland 1978/1979. Einjähriges Aufbaustudium in Anglistik an der Ludwig-Maximilians-Universität in München (1988/1989). Sieben Jahre Dokumentationsassistentin und Übersetzerin an einem Universitätsklinikum in München. Sie arbeitet derzeit als Realschullehrerin in Eichstätt. Engagiert in der Pax-Christi-Friedensbewegung.

Ein Leben vor dem Tod

Warum ich in der Kirche bleibe, werde ich gefragt; in einer Zeit, in der viele Gründe dafür sprechen, ihr den Rükken zu kehren. Ich möchte nicht versuchen, mein Bleiben zu verteidigen und die entsprechenden Argumente dafür zu liefern, sondern will von meiner Lebensgeschichte und Glaubensbiographie her aufzeigen, warum es für mich wichtig ist, heute in der Kirche zu sein.

Meine Kindheit und Jugend verbrachte ich in einer bayerischen Kleinstadt, in der es viele katholische Kirchen, konfessionelle Schulen und viele Priester und Ordensleute gab, mit denen meine Eltern auch zu einem großen Teil bekannt waren. Unser Familienleben war in nahezu jeder Hinsicht katholisch geprägt. Wir beteten vor jedem Essen und vor dem Einschlafen; mein Vater bzw. meine Mutter gaben uns Kindern mit Weihwasser das Kreuzzeichen auf die Stirn, wenn wir das Haus für längere Zeit verließen. Wir mußten »beim Gebetläuten« vom Spielen zu Hause sein. Wir feierten die Heiligenfeste und Namenstage, nahmen an Prozessionen teil, gingen regelmäßig zur Beichte und zu den Gottesdiensten und besuchten religiöse Vorträge.

Meinen Vater erlebte ich als strengen, konsequenten, tief gläubigen, von äußeren Verlautbarungen und Zeitströmungen unabhängigen Mann (als 24jähriger war er im KZ Dachau inhaftiert aufgrund seines Glaubensengagements in der katholischen Jugend) von einer zugleich überzeugenden Güte und Mitmenschlichkeit. Neben seinem Beruf übernahm er immer auch eine Reihe von Aufgaben innerhalb kirchlicher Laiengremien. Meine Mutter erlebte ich eher als ängstlich, was zum Großteil von ihrer strengen klösterlichen Erziehung herrührte. Sie hielt zum Beispiel stets daran fest, nur an Hochfesten zur Kommunion zu gehen und das nur, wenn sie vorher gebeichtet hatte.

Diese kirchlich-katholische Sozialisation in der Kindheit führte wie selbstverständlich zur Teilnahme an pfarreigebundenen Jugendgruppen und später auch zur Übernahme von Gruppenleiterfunktionen. Diese Zeit war sehr wichtig, vor allem wegen der Freundschaften und organisierten gemeinsamen Unternehmungen wie Gruppenstunden, Zeltlager, Diskussionsrunden, Jugendgottesdienste. In der gymnasialen Oberstufe kam für mich dann der Bruch. Die Jugendarbeit interessierte mich nicht mehr, die Enge der Themen, die Gängelung in der Pfarrei und die starren, eingefahrenen Regeln wurden spürbar. Ich entdeckte, daß es neben der kirchlichen noch eine »andere« Welt gibt.

Deshalb sehnte ich mich auch danach, meinen Heimatort zu verlassen und mein Studium woanders zu beginnen. Da ich mich an der Universität nicht fremd fühlen wollte, schloß ich mich jedoch wieder der »katholischen Welt« an in Form der Hochschulgemeinde, deren vielseitiges Programm mich neugierig gemacht hatte. Diese Zeit wurde, nicht zuletzt durch die aufgeschlossenen Studentenpfarrer (Jesuiten), sehr prägend für mich. So erlebte ich in den Studentengottesdiensten, daß ich als Person vorkam, daß die Welt mit ihren vielen Problemfeldern nicht ausgeklammert wurde, sondern zur Sprache kam und »auf den Altar gelegt« wurde. Diese Eucharistiefeiern gingen unter die Haut, beschönigten nichts, ließen Platz für Experimente in Ablauf und Gestaltung. Ich konnte zum Beispiel Karfreitag und Ostern in einem neuen Licht begreifen. Der Karfreitag wurde in Verbindung gebracht mit dem Leiden oder dem Ans-Kreuz-Nageln von Menschen heute, und die Auferstehung hatte plötzlich etwas mit dem »Aufstehen« zu tun, mit Befreiung von todbringenden Fesseln, mit Loswerden von Eingefahrenem, mit Überwindung von konkretem Leid bzw. dessen veränderter Sichtweise.

Feste waren also nicht mehr nur schöne Inszenierungen mit perfekten Auf- und Abtritten von Würdenträgern. Und Christsein hatte plötzlich etwas zu tun mit »Grenzen des Wachstums«, mit Engagement für Randgruppen (zum Beispiel studentische Treffen mit psychisch Kranken außerhalb der Psychiatrie), mit der Frage nach politischen Systemen (Problematik unseres kapitalistischen Wirtschaftssystems bzw. Möglichkeit einer Option für den Sozialismus aus dem Evangelium heraus), mit Hochschulpolitik und der Auseinandersetzung mit struktureller und militärischer Gewalt (»ENT-rüstet euch«).

Diese Zeit des gemeinsamen und offenen Ringens und Suchens, Zweifelns, Widersprechens und das Hinterfragen von »selbstverständlichen« Sachverhalten – im Lichte

des Evangeliums – ließ mich Christsein als eine ständige Provokation erfahren, als eine Herausforderung, Position zu beziehen für Benachteiligte und Randgruppen, beizutragen zu einer menschlicheren Gesellschaft und mich zu engagieren für eine Kirche, die offen und angstfrei und ohne moralische Einengung in der Nachfolge Jesu wirkt.
Dieser so erfüllten Zeit folgte dann aber mit dem Eintritt ins Berufsleben, dem Referendariat für das Lehramt, eine Zeit der Ernüchterung. Es galt vor allem, sich im neuen Berufsfeld zurechtzufinden und zu funktionieren und zugleich die Konfrontation mit vielen kirchenentfernten KollegInnen zu bestehen. Nichts mehr war zu spüren von dem utopischen Schwung der Jahre zuvor.
Auch dauerte es mehrere Jahre, bis ich auf eine Pfarrgemeinde stieß, die mir zusagte. Die Erinnerung an die Zeit in der Studentengemeinde wurde wach, und ich war froh, daß ich nun etwas ähnliches in einer »normalen« Gemeinde gefunden hatte, wußte ich doch von den trostlosen Erfahrungen vieler meiner früheren FreundInnen in den Gemeinden an ihren neuen Wohnorten, was nicht selten zu einer völligen Distanzierung von der Kirche geführt hatte.
Ich war froh, einen Ort gefunden zu haben, wo ich »auftanken« konnte für den Alltag, sei es durch Predigten, durch Gebete, durch thematische Gottesdienste, die den Horizont öffneten nach außen, durch Beziehungen, die allmählich zu anderen Gemeindemitgliedern entstanden.
Nach einiger Zeit schloß ich mich in der Gemeinde der Friedensgruppe von Pax Christi an, um aktiv mit anderen für Frieden und Gerechtigkeit einzutreten. Bald schon entstand der Wunsch, sich auf die christlichen Wurzeln des Gewaltverzichts und damit die Quellen unseres Tuns zurückzubesinnen. So beschlossen wir, uns einmal im Monat jeweils abwechselnd bei einem Gruppenmitglied zu treffen, um fortlaufend das Lukasevangelium zu lesen.
In diesen eineinhalbstündigen Gesprächen erfahren wir

immer wieder, wie lebendig und revolutionär die Geschichten von und um Jesus sind und welche Aktualität sie für unser heutiges Leben besitzen. Es ist spannend zu sehen, wie eine Bibelstelle im gemeinsamen Sprechen zu leben beginnt und zu einem Handlungsmuster für uns werden kann. Immer wieder erfahren wir aber auch, daß Gott so ganz anders ist als der, zu dem Menschen ihn gemacht haben. Das Fundament unserer Friedensarbeit ist seither tragfähiger geworden; vielleicht hilft es uns, nicht zu erschöpfen und nicht den Ohnmachtsgefühlen angesichts unserer Weltlage zu erliegen.
Nicht der Resignation zu verfallen war auch mit ein Grund, im Dezember 1992 eine Initiative innerhalb der Gemeinde ins Leben zu rufen, um Internierten aus bosnischen Flüchtlingslagern für einige Zeit Unterkunft und Verpflegung in bayerischen Klöstern anzubieten und sie so aus dem Kriegsgreuel herauszuholen. Diese Initiative fand eine breite Unterstützung und machte uns zugleich deutlich, daß ein Unternehmen dieser Art nur mit Hilfe einer Gemeinde möglich ist – als sowohl ideeller als auch materieller Rückhalt (der Gemeindesaal diente als erster Aufnahmeort für die Flüchtlinge und als Ort für die regelmäßigen Treffen mit den gastgebenden Klöstern).
Als letztes Beispiel dafür, wo für mich Kirche lebendig geworden ist, soll der Besuch des internationalen Theologenkongresses in Löwen/Belgien im September 1990 anläßlich des 25jährigen Jubiläums der Zeitschrift »Concilium« dienen. Es waren etwa 500 Teilnehmer aus 51 Ländern vertreten, so daß ich einen Eindruck davon bekam, was Weltkirche bedeutet. Die Vertreter der sogenannten Dritten Welt, der Zwei-Drittel-Mehrheit, machten uns deutlich, daß unser »modern talk-Gehabe« nichts mit ihnen zu tun haben muß, daß unsere euro-amerikanischzentrierte Sicht der Dinge nur *eine* von vielen möglichen ist. Die Länder Asiens, Afrikas und Lateinamerikas haben längst ihre eigene Sicht und Sprache zu ihrer Vergangen-

heit, Gegenwart und Zukunft entwickelt. Der Kongreß war perspektivegebend und hat neuen Mut gemacht, sich für die Welt global und lokal zu interessieren und zu engagieren und durch das »Trinken an den Quellen der Bibel« Anregungen zu finden und Weichen zu stellen für die Zukunft. Es gilt die Zeichen der Zeit zu erkennen und die heutigen Götzen, die ihre »Opfer« brauchen, zu benennen.

Was läßt mich wider den Zeitgeist, wider vielfach dokumentierte schmerzliche innerkirchliche Erfahrungen dennoch an der Kirche festhalten? Was motiviert mich, mich in ihr zu engagieren? Ich denke, es sind die geschilderten beispielhaften Erfahrungen und Erlebnisse, die mir immer wieder zeigen, daß es sich lohnt und daß es möglich ist, zusammen mit anderen Menschen unseren Glauben transparent zu machen, unterwegs zu sein, immer wieder nach der befreienden frohen Botschaft aus dem Evangelium zu fragen – unabhängig von allen äußeren Zwängen, Berührungsängsten und bürokratischer Starrheit innerhalb eines 2000 Jahre alten Apparates. Ich habe Menschen gefunden, die ebenso wie ich diese Sehnsucht nach mehr Leben haben, die überzeugt sind, daß es »ein Leben vor dem Tod« gibt, die trotz aller Zweifel, Fragen, Mutlosigkeit und Ängste an die Kraft der Veränderung und die Kraft des Evangeliums glauben. Ich kann nicht alleine glauben, dazu brauche ich Menschen und die Beziehung zu ihnen, und nur so ist es, denke ich, auch möglich, die Beziehung zu Gott spüren zu können.

Gertrud Schäfer, Dr. med., geb. 1955 in Bühl, geschieden, lebt in Bühl. Studium der Medizin von 1974 bis 1980 in Freiburg. Tätig als Ärztin in der Stadtklinik von Baden-Baden.

»... bis daß der Tod euch scheidet« – »38 Jahre alt, katholisch, geschieden«

Ich bin 38 Jahre alt, katholisch, geschieden.
In diesem kurzen Satz mit formelhaften Personenstandsangaben liegt bereits mein ganzes persönliches Drama erschlossen, ein Drama, das – über das Persönliche hinaus – wohl exemplarisch für ein Problem einer ganzen Anzahl von Frauen mit und in der Kirche steht.
Jung geheiratet – viel zu jung, sehen sich besserwissende »wohlmeinende» Beobachter wieder einmal bestätigt –, aber sicher nicht unüberlegt, nach ausreichend langer (aber was ist schon ausreichend?) mehrjähriger Verlobungszeit und unseres Erachtens optimalen Voraussetzungen, besten Vorsätzen und dem Segen von Mutter Kirche. Trotzdem: im Lebensplan gescheitert. Ursachen? Schuld? – Darüber läßt sich endlos spekulieren, letztendlich bleiben nur offene Fragen statt Antworten.
Seit der Scheidung fühle ich mich zwischen allen Stühlen

sitzend: Mein durch Erziehung und praktizierten Glauben geprägtes Gewissen verlangt Treue »...bis daß der Tod euch scheidet«. Der größtenteils säkularisierten Umwelt, aber auch großen Teilen meines Freundeskreises sowie meinem eigenen Verstand läßt sich dagegen kaum verständlich machen, dem ehemaligen Partner, der längst wieder verheiratet und Vater von drei Kindern geworden ist, weiterhin die Treue zu halten. Solche Treue wird als widersinnig, unrealistisch und als ein völlig überflüssiges Opfer angesehen. Auch ich war schon versucht, solchen Argumenten nachzugeben; schließlich fällt mir das alles andere als freiwillig erwählte Alleinsein ganz und gar nicht leicht. Zwar bin ich sicher nicht der erste und einzige Mensch, der verlassen wurde – trotzdem empfinde ich es als recht bitteres Los, so ohnmächtig einer fremden Entscheidung ausgeliefert zu sein (noch dazu den Exgatten, der nicht von solchen Skrupeln geplagt ist, am weiterhin gemeinsamen Arbeitsplatz ständig vor Augen zu haben). Das tief in mir verankerte Unrechtsbewußtsein bleibt.

So bin ich hin- und hergerissen, hadernd mit Gott und der Kirche. Ich sehe, daß manche ihrer Gebote sicher sinnvoll sind für diejenigen, die sie einhalten können, aber eine dunkle Sackgasse darstellen können für diejenigen, die – zumindest teilweise und ohne freie Entscheidungsmöglichkeit – daran scheitern.

Auf der anderen Seite stimme ich mit der Position der Kirche völlig überein, daß das Sakrament der Ehe ein schützenswertes Gut darstellt, als Basis für ein Familienleben, das für die Erziehung von Kindern die optimalen Bedingungen bietet; vor allem für die Geborgenheit, die Kinder benötigen, ist das Vertrauen in die lebenslange Verbindung der Eltern eine entscheidende Voraussetzung. Soweit das anzustrebende Ideal. In der rauhen Wirklichkeit aber erleiden viele Menschen Schiffbruch mit diesem Idealbild, und in unseren Zeiten zunehmend mehr, nicht einfach deswegen, weil wir Menschen so viel schlechter und schwächer geworden sind, sondern zu einem großen Teil auch, weil man heute nicht mehr so wie früher bereit ist, den bloßen Schein zu wahren. Dennoch: Solange man nicht bereit ist, sich selbst zu ändern, werden mit einem neuen Partner dieselben oder andere Probleme auftauchen; und sofern man in der Lage ist, sich selbst zu ändern, müßte auch die alte Beziehung immer noch eine Chance haben. Aber, und immer wieder findet sich ein neues »aber«: Es gibt objektiv auch irreparabel gescheiterte Beziehungen. Umgekehrt wiederum würde eine Sanktionierung der Ehescheidung durch die Kirche das Sakrament der Ehe als solches aushöhlen.

So drehe ich mich mit meinen Argumenten zu Ehe und Ehescheidung immer wieder im Kreise, finde selbst keine Lösung und fühle mich von der offiziellen Kirche letztlich mit meinem Problem doch alleingelassen. Warum sage ich dann aber trotzdem ja zu ihr?

Weil für meine Entscheidung für die Kirche ganz andere Motive entscheidend sind, Motive, die auch mein ganzes persönliches Drama mitumfangen. Es ist der Glaube an den dreieinigen Gott und der gemeinsame Versuch, diesen Glauben in Gottesdienst, Gebet, Beschäftigung mit der Heiligen Schrift, aber auch im Alltag durch praktizierte Nächstenliebe, gegenseitige Aufmerksamkeit und vermehrte Rücksichtnahme umzusetzen. Getragen von der Überzeugung, daß der Sendungsauftrag Christi an die Kirche auch heute noch wirksam ist, möchte ich meinen Glauben mit und in der Kirche leben. Entsprechend dem Motto: »Wo zwei oder drei in meinem Namen versammelt sind, da bin ich mitten unter ihnen« bin ich sicher, daß nicht jeder seinen eigenen »privaten« Glauben im stillen Kämmerchen ausüben soll. Dabei bestünde die große Gefahr, daß jeder sich aus der Glaubenslehre nur das herauspickt, was ihm gelegen ist. Seit fast 2000 Jahren ist die Kirche der Aufgabe nachgekommen, Christi Lehre weiterzugeben, das Evangelium zu verkünden und auszulegen. Ohne Kirche wäre diese Lehre in Vergessenheit geraten oder zur Unkenntlichkeit verändert. Da Kirche aber auch nur von Menschen »ausgeführt« wird, sind allzumenschliche Verfehlungen und Fehlentwicklungen unvermeidbar, sowohl während der vergangenen Jahrhunderte als auch heute.

Ja, der Glaube lebt für mich nur aus diesem Miteinander, und daher sehe ich mich als mündiges Mitglied dieser Glaubens-Gemeinschaft im positiven Sinne. So habe ich auch in meinen persönlichen Nöten Lösungswege über die Kirche gesucht und – ansatzweise – auch gefunden, und zwar außerhalb der üblichen Schiene: kirchliche Amtspersonen – »gläubiges Schäfchen«. Mein Weg führte mich ins »Geistliche Zentrum«, zunächst in Neusatzeck, später in Sasbach. Dort fand ich Verständnis und ermutigende Unterstützung. Bei meinen ersten Aufenthalten dort empfand ich es als wahre Offenbarung, wie offen und menschlich verständnisvoll auch höhere geistliche Würdenträger von Mensch zu Mensch sein können. Ich erlebte dort auch, wie viele andere – besonders Frauen – in ihren menschlichen Nöten und Glaubensproblemen bei der Kirche Trost suchen und Beistand finden. Gerade in dieser schwierigen und angstvollen Zeit habe ich durch die verständnisvolle Aufnahme und die liebevolle Zuwendung eine Vertiefung meines Glaubens erfahren. Wenn auch meine Probleme objektiv bestehen blieben, so erwuchs doch Hilfe daraus, zu lernen, mit solch unabänderlichen Tatsachen umzugehen. Ich habe erfahren, daß ich auch im Versagen angenommen bin.

Auch wenn mich das Bewußtsein, persönlich gescheitert zu sein, nach wie vor blockiert, so habe ich doch wieder mein unerschütterliches Vertrauen zurückgewonnen, daß nichts in unserem Leben ohne Sinn ist und auch zunächst untragbar erscheinende Schicksalsschläge den Beginn eines neuen Weges oder einer neuen Aufgabe darstellen.

Carola Schürger OSB, geb. 1961 in Schweinfurt, Ausbildung zur kaufmännischen Angestellten von 1979 bis 1982 und zur Krankenschwester von 1982 bis 1985. Arbeitete in letzteren Beruf über ein Jahr, davon drei Monate in Kenia. 1986–1987 und 1991–1992 Fernstudium der Theologie. Lebt seit 1987 im Benediktinerinnenkloster Köln-Raderberg, ist dort tätig in den Bereichen Buchhaltung, Korrespondenz, Personalangelegenheiten, Empfang und Begleitung von Einzelgästen und kleineren Gruppen, leitet einmal wöchentlich eine Meditationsgruppe.

»Du hast doch alles!«

Es gibt für mich in der katholischen Kirche, in der ich aufgewachsen bin und für die ich mich dann im Erwachsenenalter ganz neu entschieden habe, manche Vorstellungen und Ausprägungen, die ich nur schwerlich anzunehmen oder zu verstehen vermag. Dazu gehört etwa ihre hierarchische Gliederung, in der sie mir wie ein viel zu großes und unbewegliches Gebilde erscheint. Ich würde mir deutlichere Züge eines pilgernden Volkes wünschen! In den Verlautbarungen der Bischöfe spüre ich oft mehr Angst als Vertrauen in den Geist, zum Beispiel in der Frage der Priesterweihe nur für zölibatär lebende Männer. Alle Gläubigen haben ja durch die Taufe Anteil am gemeinsamen Priestertum, was mir fast vergessen erscheint. Ich finde die kirchlichen Stellungnahmen zur Ehelosigkeit und zum Zölibat sehr irreführend und wenig hilfreich für die Menschen. Der Zölibat für Priester ist in der Kirche, geschichtlich bedingt, im 12. Jahrhundert verpflichtend entstanden. Dagegen erscheint mir die Ehelosigkeit als ein wertvolles Gut, dem ich nur um eines Größeren willen zu folgen vermag. Es ist mir persönlich aber nicht nachvollziehbar, daß dieses Charisma zwingend mit der Vergabe des Priesteramtes verbunden bleiben muß. Auch die konfessionelle Gespaltenheit der Kirche und die mangelnde Offenheit, das Gemeinsame zu erkennen, sehe ich nicht als Zeichen der Wahrheit. Wo ich in der Bibel vom Geist Gottes lese, ist eine Abwärtsbewegung gemeint, Verleiblichung, Erdnähe, primär Verbundenheit zu den Menschen. Ich würde mir wünschen, daß die Kirche bis in ihre Amtsträger hinein mehr Bereitschaft zeigt, immer wieder herabzusteigen.

Und dennoch: Ich setze große Hoffnung in diese Kirche, weil es Christus selber ist, der herabsteigt, um sie zu heilen, und sich immer wieder in ihr zu erkennen gibt in gebrechlichen Menschen, auch wenn ich an dieser Gebrechlichkeit bisweilen schwer trage. So möchte ich im folgenden das benennen, was mich zu einer positiven Haltung durchstoßen ließ und schließlich dazu führte, daß ich seit fast sieben Jahren versuche, in einer benediktinischen Gemeinschaft zu leben.

Meine ersten Schritte ins Leben durfte ich in einer weitgehend intakten Familie setzen. Bis zu meinem 13. Lebensjahr lebte noch meine Großmutter bei uns, deren Obhut ich öfters anvertraut wurde und deren tatkräftigen Worten ich gerne lauschte. In der Kirchengemeinde erweckte unser damals schon älterer Priester meine Aufmerksamkeit durch seine Einfachheit, Geduld und Güte. Sein jüngerer Nachfolger verstand es, uns Jugendliche zu begeistern

und etwa für die Mitgestaltung der Gottesdienste oder den Aufbau verschiedener Jugendgruppen zu motivieren. Insgesamt tat mir die Lebendigkeit im Wechsel von alltäglichem und kirchlichem Leben gut. Auch gefiel mir, daß meine mit zunehmendem Alter immer öfter auftauchenden Fragen in einem »Raum der Freundschaft« Gehör finden konnten; Fragen, die die übernommenen Werte und Vorstellungen, in die ich hineingeboren worden war, immer entschiedener reflektierten. Alle diese Erfahrungen legten einen bleibenden Grund in mir, vor allem förderten sie mein Vertrauen dem Leben gegenüber.
Mit ungefähr 17 Jahren wurde mein Fragen und Suchen jedoch immer unruhiger. Ich fühlte mich wie in zu klein gewordenen Schuhen. Ein mir vertrauter Mensch stellte die hilflose Frage: »Was willst du denn, du hast doch alles!« Dieses »alles« reichte mir aber einfach nicht mehr, und ich zog mich ganz zurück von Freunden und allen Vergnügungen, die ich noch kurz zuvor in vollen Zügen genossen hatte. Auch das kirchliche Leben trat in den Hintergrund, und der sonntägliche Gottesdienst wurde mir zunehmend zur Last.
Scheinbar zufällig fiel mir im Frühjahr 1980 ein Faltblatt der Benediktiner von Münsterschwarzach mit der Einladung, die Kar- und Osterliturgie mit den Mönchen zu feiern, in die Hände. Ich zögerte, doch schließlich sagte ich zu. Gemeinsam mit ungefähr 100 jungen Leuten trat ich in eine äußerlich zuerst befremdende Welt ein. Doch je mehr ich mich auf sie einließ, desto deutlicher spürte ich, daß etwas in mir zum Klingen kam. Am Karsamstag wanderten wir in der Gruppe; es war zugleich eine Art innerer Auswanderung für mich. Die Auferstehung erlebte ich nicht nur als Fest, vielmehr als lebendige Wirklichkeit. Der glimmende Docht war in mir neu entfacht worden; jetzt mußte diese Erfahrung von Lebendigkeit und Hoffnung in mein alltägliches Leben – ich absolvierte gerade eine kaufmännische Ausbildung – integriert werden. So

versuchte ich etwa, meinem Tag einen festen Rhythmus zu geben, ihn zum Beispiel bewußt zu beginnen und zu beenden. Daneben galt es, bleibende Kontakte zu einigen Gleichgesinnten, die mir in Münsterschwarzach begegnet waren, zu pflegen.
Während meiner Ferien nutzte ich in dieser Zeit immer wieder die Möglichkeit, um verschiedene Lebensgemeinschaften kennenzulernen, zum Beispiel in Assisi, Nairobi, Jerusalem. Ich fand Menschen, bei deren Gebet ich mich anschließen konnte, obwohl ich selbst noch nicht beten konnte. Besonders hilfreich war, mich auf die zuerst ungewohnte Stille einzulassen. Da brachten Menschen ihr Leben mit Christus in Verbindung. Ich nahm dabei wahr, wie sie das zu selbstloser Liebe befreien konnte und ihnen ganz neue Lebensmöglichkeiten erschloß. Zuerst regte sich da in mir noch viel Widerstand, weil ein solches entschiedenes Leben mich ja ganz, in allen meinen Lebensvollzügen, einfordern würde. Doch ließ es mich auch nicht mehr los.
Meine zweite Ausbildung, diesmal zur Krankenschwester, begonnen mit 21 Jahren, führte mich mit Menschen zusammen, die der Kirche oft fernstanden. Dabei bemerkte ich aber häufig, daß gerade sie sich ernsthaft mit der Lehre der Kirche auseinandersetzten. So begann ich nebenbei mit einem Fernkurs in Theologie, in dessen Verlauf mich zum Beispiel auch die Dokumente des II. Vatikanums zu einem tieferen Verständnis von Kirche führten. Die Aussage, daß die Kirche immer wieder der Reinigung und der Erneuerung bedarf und zugleich heilig ist, ließ mich sehr nachdenklich zurück. In diesem Spannungsfeld konnte ich mich mit meinem Leben wiederfinden – bis heute: Bestehen nicht auch da noch oft unrealistische Vorstellungen und Erwartungen? (Ich muß mir zum Beispiel immer neu die menschlichen Möglichkeiten und Grenzen von Oberen und Amtsträgern ins Bewußtsein rufen.) So wurde es für mich immer wichtiger, einen

Weg der Integration zwischen persönlichem Glaubensvollzug und kirchlicher Gemeinschaft zu finden.
Prägend gestalteten sich für mich Begegnungen mit ganz verschiedenen »Müttern und Vätern« in allen Bereichen und Ämtern, die die Botschaft des Glaubens im Licht der Gegenwart neu zu formulieren wagten und mir dadurch deren Kraft offenbarten – was mich aber nicht von einem eigenen, beständigen Mühen dispensieren konnte! (Mir scheint es, daß diese »Mütter und Väter« viel zu selten gefragt werden und dadurch ihre Gaben verkümmern. Wenn sie über ihre Erfahrungen sprechen, werden sie leicht abgetan, weil sie zu Entscheidungen herausfordern – und das ist unbequem!)
Für einige Jahre durfte ich mich *einem* solchen »Vater« als regelmäßigen Begleiter im Raum von Kirche anvertrauen. Er vermittelte mir unter anderem auch, daß alles, was in mir auftaucht, sein darf, ohne es abtrennen zu müssen. Diese Erfahrung machte ich auch in der ersten Begegnung mit meiner jetzigen Gemeinschaft, in der ich meiner Sehnsucht weiter auf der Spur bleiben durfte, was nicht immer leicht war. Bei allen mir offenen und wertvollen Möglichkeiten der Lebensgestaltung verstand ich es immer deutlicher als persönlichen Anruf an mich, *einen* Weg zu versuchen. Es ging mir nicht mehr so sehr um die Freiheit, alles Mögliche, sondern um die Freiheit, immer christusbezogener zu leben. Das eine Leben, welches ich zu verschenken habe, wollte ich ungeteilt dieser Beziehung widmen.
Für mich erkannte ich da die benediktinische Lebensweise als eine mir gemäße Möglichkeit. Vor allem der Wechsel von Gebet und Arbeit entsprach meinen Wünschen. Beides steht nicht isoliert nebeneinander, vielmehr prägt das Gebet die Arbeit, und diese wiederum befruchtet das Gebet. Auch eine »gesunde« Religiosität und Menschlichkeit sprachen mich bei meiner jetzigen Gemeinschaft an. Als ich dann in die Gemeinschaft eintrat, war es manchmal

schmerzlich zu entdecken, daß meine Ideale und Vorstellungen eines friedlichen Zusammenlebens nicht zutrafen, daß auch Ordensfrauen die Erfahrung von Unfrieden und Konflikten sehr gut kennen. Mit mir sind 37 ganz verschiedene Menschen an diesem Ort zusammengeführt worden. Ungefähr 15 meiner Mitschwestern sind über 70 Jahre alt und 15 unter 35 Jahren. Allein diese Tatsache birgt in sich schon eine große Spannung! Da treffen manchmal, bezogen auf die verschiedenen Lebenshintergründe und Auffassungen, Welten aufeinander, und gar nichts Menschliches ist darin fremd.
(Ich kann nur Christ sein in einer Gemeinschaft, wo miteinander gesprochen und, vor allem, aufeinander gehört wird. Ich erkenne immer deutlicher, daß dies sehr viel Geduld in einer langen Reifungszeit braucht, stete Bereitschaft, mich schwesterlich korrigieren zu lassen, das Feingefühl, auch anderen zu helfen, ihre Schwachpunkte zu sehen und anzunehmen und Mut, mich auf die Wandlungsfähigkeit der eigenen Person einzulassen.)
Nach fünfeinhalb Jahren des Einlassens auf diesen Weg durfte ich die Ewige Profeß ablegen. Bedenke ich das, leuchtet in mir wieder die Grundhaltung auf, die der heilige Benedikt bei der Aufnahme eines Anfragenden einfordert: »Ob er wirklich Gott sucht.« Die beharrliche Gottsuche ist die dem Menschen gemäße Antwort auf die ihm zuvor bedingungslos geschenkte Liebe Gottes. Alles kommt für mich darauf an, immer neu und konkret diese Liebe Gottes zu bejahen. Dieser Liebe gilt mein Ja in der Kirche! Darin sehe ich für mich die Aufgabe eines kontemplativen Lebens. Diese Aufgabe bleibt beständig aktuell! Das Bleibende nimmt aber immer vorläufige Gestalten an, und das auszuhalten fällt mir manchmal schwer, wobei ich mein Leben in einer konkreten benediktinischen Gemeinschaft jedoch als hilfreich erfahre, um auf dieser Spur zu bleiben.
Mein Leben in der Kirche, das sich für mich in einer klö-

sterlichen Gemeinschaft realisiert, ist die immer neue Herausforderung zu Einheit und Frieden, vor allem aus dem Geist der Vergebung und Versöhnung. Ich bin überzeugt, daß jeder neue Versuch in dieser Richtung heilende Kreise zieht. Manchmal werde ich ungeduldig und sehe nur wenig Erfolg. Dennoch will ich neue kleine Anfänge aus dem Glauben heraus wagen, den anderen in seiner Not wahrnehmen und es in jedem Augenblick für das Wichtigste halten, ihm beizustehen und darin Gott die Ehre zu geben, die ihm gebührt.

Für mich ist es wichtig, daß unsere Gemeinschaft heute Wege sucht, um sich der Herausforderung der Menschen zu stellen. Ich erlebe, daß das möglich ist, obwohl wir beständig an *einem* Ort leben, bleiben und arbeiten. Jede Schwester trägt durch ihren Dienst (in einem der Betriebe, Küche, Stall, Garten usw.) zum Lebensunterhalt der Gemeinschaft bei. Neben der Mitarbeit im Gästebereich betreue ich die Verwaltung. Bei dieser Aufgabe treffe ich mit sehr verschiedenen Menschen zusammen. Häufig darf ich schon in solchen »geschäftlich bedingten« Begegnungen erleben, wie sich die anfängliche Skepsis meines Partners einer christlichen Lebensform gegenüber wandelt. Er spürt dann scheinbar, daß mein Weg nicht eine außerweltliche Berufung ist. Bei diesem Dienst ist mir wichtig, nicht zwischen profan und sakral zu trennen, wie schon der heilige Benedikt in seiner Regel betont. Wir versuchen, unser Leben in aller Offenheit und Gastfreundschaft einfach zu gestalten. Jeder ist, unabhängig von seiner Religionszugehörigkeit und seinen Mitteln, als Gast, der auch mich beschenkt, willkommen. Ich freue mich, daß eine wachsende Zahl von Menschen die Einladung zum gemeinsamen Stundengebet wahrnimmt. Das Stundengebet ist und bleibt Mittelpunkt unseres Lebens. Mein Beten gehört nicht mir allein. Die Beziehung des Gebetes – das erfahre ich dabei immer wieder – gründet tiefer als alle anderen Verbindungen, und es liegt eine heilende Kraft in ihr. Not und Leid der Menschen und der Welt gehen durch mein Herz und Bewußtsein, da gibt es kein Entweichen und Ausweichen. Da gilt es, das Schweigen und die Hilflosigkeit auszuhalten, auch wo mir keine Antwort gegeben werden kann.

Ja, Kloster ist für mich ein möglicher Ort in der Kirche, wo Christus Einlaß findet und auch auf ganz verschiedene Weise erfahrbar wird. Ich lebe, um dafür den Raum in mir und um mich zu öffnen, auch wenn letztendlich diese Erfahrung Geschenk bleibt und sich niemals erzwingen läßt.

Andrea Schwarz, geb. 1955 in Wiesbaden, lebt in Ettenheim/ Schwarzwald. Ausbildung zum Industriekaufmann, Studium der Sozialpädagogik von 1976 bis 1979 in Frankfurt/Main; anschließend u. a. Diözesanleiterin des BDKJ in der Erzdiözese Freiburg. Seit 1988 freiberuflich tätig als Schriftstellerin, Supervisorin und Trainerin im Sozialbereich.

Mit Leidenschaft und Gelassenheit

Ich kreise um Gott, um den uralten Turm,
und ich kreise jahrtausendelang;
und ich weiß noch nicht: bin ich ein Falke, ein Sturm
oder ein großer Gesang.

Rainer Maria Rilke

Ich liebe diese Kirche, und ich leide an ihr. Da ist Zorn und Zärtlichkeit, aber auch Leidenschaft und Gelassenheit – und all diese Gefühle sagen mir, daß mir diese Kirche nicht gleichgültig ist, daß ich nicht von ihr lassen kann – und auch gar nicht lassen mag.
Die Frage aber, bleibe ich in dieser Kirche oder verlasse ich sie, ist heute keine Frage nur von Frauen, es ist die Frage jedes Christen, sei er Mann, sei sie Frau, sei es Priester, sei es Laie.

Zugegeben – es mag ein ganz eigenes Leiden von Frauen an dieser Kirche geben – für mich aber ist dies derzeit kein Thema. Es mag ein wichtiges Thema sein, es mag sein, daß es irgendwann auch einmal wieder mein Thema sein wird, aber im Moment habe ich mich entschieden, meine Kraft und Energie dafür einzusetzen, Frau in dieser Kirche zu *sein,* ohne Wenn und Aber. Ich *bin* Frau in dieser Kirche. Darüber will ich nicht länger diskutieren, sondern mein Frau-Sein leben und damit für andere erlebbar machen, in aller Selbstverständlichkeit, ohne mich dauernd zu legitimieren oder zu definieren. Ich bin das Klagen und Jammern leid, einfach weil es ein Kirchenverständnis ausdrückt, das ich heute so nicht mehr habe, weil ich anderen damit Macht über mich einräume, die ich ihnen nicht länger geben möchte. Und so verstehe ich auch meinen Beitrag in diesem Buch: Meine Antwort, warum ich derzeit in dieser Kirche bleibe, gebe ich als Frau.
Deshalb hat die Gelassenheit Einzug in mein Leben gehalten – und die Leidenschaft lebe ich dort, wo Kirche ihren eigentlichen Zweck, ihre eigentliche Aufgabe wahrnimmt: Menschen zu ihrem Mensch-Sein zu befreien, indem sie von Gott erzählt und Räume schafft, diesem Gott zu »begegnen«. Hier bin ich leidenschaftlich: Kirche als »Raum«, in dem Leben werden kann, Leben miteinander geteilt wird, Mensch-werdung deshalb möglich ist, weil es einen Gott gibt.
Kirche bietet mir einen solchen »Raum« – oder, vielleicht richtiger, »Räume«. Und es braucht solche »Räume«, damit Erfahrungen werden und geschehen können.
Kirche bietet mir Raum – das ist zunächst einmal durchaus wortwörtlich zu verstehen. Ich brauche Orte, Häuser, Kirchengebäude, in denen sich etwas von dem Geist sammelt, der uns lebendig macht. Ich brauche Kirchen als heilige Orte, in denen ich beten kann, als Möglichkeit, existentielle Erfahrungen zu machen, Räume, die geisterfüllt sind. Manche Erfahrungen, die ich in einer Kirche

mit diesem Gott gemacht habe, wären an anderen Orten so nicht möglich gewesen, davon bin ich überzeugt. Sicher: nicht jede Kirche und nicht jederzeit. Manche Barockkirchen kann ich als Kunstwerke anstaunen – aber beten kann ich dort oft nicht. Manchmal sind es Dorfkirchen, klein, alt und unscheinbar, in denen ich etwas von diesem Geist spüre. Zu einer anderen Zeit brauche ich wiederum gerade die beeindruckende Größe einer Kathedrale, eines Münsters, um meiner Beziehung zu diesem Gott Ausdruck verleihen zu können. Ich denke an einen Meditationsraum, an eine Kapelle in einem Tagungshaus, an eine Krypta, aber auch an einen Pfarrgarten, ein Pfarrhaus. Das sind Orte, an denen ich durchatmen kann, mich von diesem Geist Gottes berühren lassen kann – es sind Orte, die mir Heimat sind. Und oft spüre ich, wenn ich einen solchen Raum, sei es eine Kirche, sei es ein Haus oder auch nur ein Zimmer, zum erstenmal betrete: Ja, hier sind Erfahrungen und Begegnungen möglich!
Kirche bietet mir Raum – das gilt für mich auch für den »liturgischen Raum«. In der Liturgie erlebe ich ein Menschheitswissen, eine Menschheitserfahrung, so absolut dicht und konzentriert, daß ich von ihr nicht lassen will. Manches davon hab ich erst mühsam verstehen gelernt, aber das Herz hat es schon vorher angesprochen, bevor es irgend jemand erklärte. Auf diese liturgischen Formen will ich nicht verzichten, sie sind mir Brot und Wein, Kraft für den Weg. Mir tut die Vertrautheit einer Eucharistiefeier einfach gut – ohne daß ich mich daran »gewöhnen« will, ich freue mich an einem Wortgottesdienst, der von Frauen geleitet wird, in dem andere Formen der Begegnung möglich sind. Zu den Kar- und Ostertagen gehört für mich die Ostervesper in ihrer klassischen Form mit dazu, und ich kann mich an gregorianischem Gesang genauso erfreuen wie an einem guten Sacro-Pop-Musical. Gelegentlich predige ich gerne – und höre genauso gern einem guten Prediger oder einer guten

Predigerin zu, lasse mich überraschen von dem Blickwinkel, den andere auf das Leben und die Bibel haben. Auch hier: Raum und Heimat, der mir geschenkt wird, den ich mir aber zugleich auch aktiv »aneignen« muß. Eine Eucharistiefeier als »Ein-Mann-Show« wird mich unbefriedigt lassen, Liturgie, nur einfach konsumiert, stillt meinen Hunger nicht. Ich bin gefragt, mich hineingebend, mich öffnend, damit »geschehen kann«. Ich muß und kann es nicht machen, ich brauche nur zu »sein«.
Darüber hinaus ist Kirche für mich »Raum der Begegnung«. Hier kann ich Erfahrungen mit Menschen machen, durch die ich mich selbst finden kann. In dieser Kirche treffe ich immer wieder auf verblüffend originelle Menschen, Menschen, die das Leben suchen, die lebendig sind. Viele gute Freundschaften sind daraus entstanden und bilden ein Netz, das trägt. Es sind spirituelle Menschen, die den Grund des Lebens suchen, die sich auf Tod und Dunkel einlassen können, die Suchende sind und bleiben, die auf ihrem Weg sind. Manchmal gelingt es gar nicht, all diese Beziehungen in einer solchen Intensität aufrechtzuerhalten – aber das ist auch nicht wichtig. Wir wissen umeinander – das ist viel. Es erzeugt eine Solidarität zwischen denen, die auf dem Weg sind, eine geschwisterliche Gemeinschaft, die zugleich von denen abgrenzt, die meinen, bereits angekommen zu sein.
In diesem Sinne schafft mir Kirche einen »Raum«, in dem ich etwas von diesem Geheimnis des Lebens erspüren kann, der Möglichkeiten schafft, mir selbst, anderen und diesem Gott zu »begegnen«.
Zugegeben – das ist ein anderes Kirchenverständnis, als ich es selbst über lange Jahre hinweg hatte.
Auf meinem Weg in und mit dieser Kirche war ich lange Zeit hierarchisch fixiert. Irgendwie war es ein bißchen wichtiger, wenn ein Priester etwas sagte, wenn der Bischof einen neuen Hirtenbrief herausgab, wenn der Papst eine neue Enzyklika veröffentlichte. Das waren aber auch

oft Anlässe zum Zorn, zur Wut. Das paßte manchmal so wenig mit meinem Bild von diesem Glauben zusammen, mit dieser befreienden Botschaft zum Leben. Und die, die das sagten, waren mächtig für mich – und ich fühlte mich ohnmächtig. Sie waren mächtig für mich, weil ich ihnen die Macht gegeben habe, eine Macht qua Funktion, nicht qua Autorität.

Davon habe ich mich inzwischen verabschiedet. Ich bin nicht mehr bereit, das leidende Schaf zu sein, wenn manche Hirten ihrer Aufgabe nicht gewachsen sind. Ich bin nicht mehr bereit, die Stimme meines Gewisssens außer Kraft zu setzen, weil jemand mit Amt und Funktion meint, ich hätte dieses und jenes zu glauben oder zu tun. Ich habe die Verantwortung für meinen Glauben selbst übernommen, delegiere ihn nicht mehr an irgendwelche Fachleute, und versuche dabei, Menschen, Brüder und Schwestern, zu finden, die mich auf meinem Weg zu diesem Gott kritisch, solidarisch, suchend begleiten. Das ist für mich ein wichtiges Kriterium geworden – mich begleiten und durchaus auch korrigieren zu lassen von Menschen, die selbst Suchende sind, die Fragen und Anfragen haben, die diesen Gott oft nicht finden, aber der Sehnsucht in ihrem Herzen Raum geben. Auf Antworten zu Fragen, die ich gar nicht gestellt habe, kann ich inzwischen gut verzichten.

Ich bin nicht länger bereit, Menschen eine Autorität über mich einzuräumen qua Funktion – aber ich anerkenne gerne die Autorität des gegangenen Weges. Dabei habe ich gelernt, daß nicht jeder offizielle Priester wirklich ein »Seelsorger« im eigentlichen Sinne dieses Wortes, im Dienste dieses Gottes, der das Leben will, ist – und daß es Priester und Priesterinnen in dieser Kirche gibt, von denen die amtliche Kirchenbehörde wahrscheinlich gar nichts weiß. Es gibt einen Unterschied zwischen Religion und Theologie – und gute Theologen können manchmal sehr ungläubige Menschen sein.

Seitdem ich die Verantwortung für meinen Glauben selbst übernommen habe, geht es mir erheblich leichter mit dieser Kirche. Ich bin gelassener geworden, was die offiziellen Kirchenstrukturen angeht – und zugleich leidenschaftlicher, was meinen Glauben betrifft.
Es kommt darauf an, meine ganz persönlichen Erfahrungen auf der Suche nach diesem Gott zu machen und eben genau diese Erfahrungen mit anderen Menschen zu teilen, die genau wie ich auf dem Weg sind, von einer unstillbaren Sehnsucht getrieben. Es ist diese alte Sehnsucht des Menschen, eine Antwort auf seine Fragen zu finden, einen Sinn in dem Auf und Ab, dem Glück, den Tränen, dem Leid und dem Leben selbst zu entdecken. Es ist die alte Hoffnung, heimzukommen, geborgen zu sein, bejaht zu sein.
Manche Freunde, Priester, Ordensschwestern, verzichteten dabei im Laufe ihres Weges auf ihren Anteil an einer funktionalen Macht: Sie haben ihr offizielles Priesteramt aufgegeben, traten aus dem Orden aus. Mir hat das solange weh getan, solange ich dieser Macht Macht über mich einräumte. Heute denke ich: Wir bleiben spirituell Verbundene, suchen und feiern miteinander, trauen dem Leben und leben es. Und genau das *ist* Kirche.
Wir sind Kirche – und überlassen die Definition, was und wie Kirche zu sein hat, nicht mehr anderen. Wir haben unseren Glauben in unsere eigene Verantwortung zurückgenommen, leben Kirche.
Deshalb überlege ich mir inzwischen auch ziemlich genau, wo es sich lohnt, meine Kraft und Energie zu investieren – und wo nicht. So bin ich derzeit nicht mehr bereit, für das Diakonat der Frau weiter zu kämpfen – und damit eigentlich nur Beschlüsse zu bestätigen, die eh schon 25 Jahre alt sind – wenn sich die Rolle des Diakons in dieser Kirche nicht zuerst grundlegend ändert. Das offizielle Priesteramt in seiner derzeitigen Ausgestaltung finde ich nicht so besonders attraktiv, wenn ich auch vor

jedem jungen Mann Hochachtung habe, der sich mit lauteren Motiven darauf einläßt. Inzwischen bin ich es, ehrlich gesagt, auch müde, zu überlegen, ob und wie eine Zulassung von Frauen das Amt verändern wird. Es mag sein, daß Frauen dieses Amt verändern würden – in der Politik gibt es genug Beispiele dafür und dagegen. Und fraglich bleibt noch, inwieweit das Amt die Frauen verändern würde ...

Ich habe meine Entscheidung getroffen: Ich *bin* Frau in dieser Kirche – und warte nicht länger darauf, daß mir jemand erlaubt, Frau in dieser Kirche zu sein. Ich warte nicht länger darauf, daß mir irgend jemand den Zugang zu irgendwelchen Ämtern erlaubt – ich glaube, daß die Autorität des gegangenen Weges für diejenigen gilt, die mit mir auf dem Weg sind – und das allein zählt. Ich suche den Gott des Lebens, und wenn Strukturen dabei helfen können, dann sind sie mir sehr willkommen. Uninteressant dagegen ist für mich all das, was mich an dieser Suche hindert, ist das »Angekommen-Sein«, sind statische Antworten auf sich verändernde Lebenssituationen.

Gelegentlich braucht es aber auch immer wieder die konkrete Entscheidung, ob ich meine Vorstellungen und Ideen noch in dieser offiziellen Kirchenstruktur leben kann.

Ich erinnere mich gut an meine letzte konkrete Entscheidung, sie fiel an den Kartagen vor gut zwei Jahren. Ich war in eine Krise geraten, einige gute Freunde von mir sahen sich vor die Entscheidung gestellt, diese offizielle Kirche zu verlassen. Ich hatte eine Feier der Kar- und Osterliturgie in einem Tagungshaus mit 40 Teilnehmern vor mir – und stürzte am Morgen des Gründonnerstages in die absoluten Glaubenszweifel hinein. Gibt es diesen Gott überhaupt – und darf ich den Menschen, die zu diesen Tagen kommen, überhaupt irgendwelche Hoffnungen machen, wenn das alles vielleicht doch nur ein Gedankenkonstrukt von mir ist, um das Leben leichter zu leben?

Die Feier dieser Tage war in der Gruppe dann doch recht intensiv – entscheidend für mich aber war eine Erkenntnis nachts in dieser Kirche von Neckarelz: Ich erlebe diesen Gott in aller Radikalität und Existentialität als jemanden, der mich zum Leben befreit, der es mir möglich macht, mich selbst anzunehmen, mich selbst zu suchen und zu finden, der mich all das erleben läßt, was Höhen und Tiefen meines Lebens ausmacht, Leid und Lachen, Tränen und Freude, Zweifel und Gewißheit – und ich möchte diese Botschaft der Befreiung Menschen weitersagen und sie dabei unterstützen, sich selbst zum Leben zu befreien und befreien zu lassen. Dies geht für mich nur über die Botschaft dieses Gottes, der das Leben liebt, der mir Kraft und Halt ist.

Solange dies in dieser Kirche möglich ist, werde ich dies in unserer Kirche tun. Solange es dort Menschen gibt, die diese Botschaft brauchen, weil sie bisher nur eine einengende Dimension des Christentums erfahren haben, gilt es, ihnen diese Botschaft weiterzusagen – seien es nun Frauen in Frauengruppen, Mitglieder eines Pfarrgemeinderates, Priester oder Bischöfe. Solange es in dieser Kirche Menschen gibt, die sich mit mir auf diesen Weg machen, solange werde ich in dieser Kirche bleiben.

Wenn diese befreiende Botschaft in dieser Kirche nicht mehr gesagt werden kann und wenn ich dort keine Menschen mehr antreffen werde, für die diese Botschaft wichtig ist, dann werde ich mir andere Rahmenbedingungen suchen.

Mein Ort ist derzeit in dieser Kirche. Das kann sich ändern – ich habe keine lebenslängliche Entscheidung getroffen. Mein Ort ist deshalb in dieser Kirche, weil ich hier nach wie vor Räume finde, in denen ich Kirche-Sein leben kann, selbst Kirche bin. Das schließt aber wiederum nicht aus, daß es darüber hinaus noch weitere Orte gibt, an denen Kirche lebt – auch wenn diese möglicherweise offiziell nicht unbedingt anerkannt sind.

Die Erneuerung dieser offiziellen Kirche wird nicht von oben und wahrscheinlich auch gar nicht aus Europa kommen – Kirche lebt von unten, wächst in den Kerngruppen der Gemeinden, in den Basisgemeinden Südamerikas. Kirche ist dort, wo sich Menschen von der Botschaft des Evangeliums zu ihrem eigentlichen Mensch-Sein befreien lassen, und auf diesem Weg mündig und selbständig werden. Kirche lebt dort, wo Menschen diese Botschaft anderen weitersagen, sie vorleben, sie auf ihrem Weg begleiten.
Kirche ist dort, wo Menschen Leben in Fülle ahnen oder erleben dürfen – und da bin ich gerne dabei.

Mechtild Schwierczek, geb. 1963 in Würzburg, verheiratet, zwei Kinder, lebt in Gerbrunn (Lkr. Würzburg). Ausbildung zur Fachlehrerin für Handarbeit und Hauswirtschaft von 1979 bis 1983 in Würzburg und Nürnberg; arbeitete in diesem Beruf von 1983 bis 1985; derzeit Hausfrau und Mutter. Engagiert im Verein »Integrativer Kindergarten e.V.« und in der Vorbereitung von Kindergottesdiensten und -bibelwochen und in der Taufkatechese. Stundenweise Unterricht an einer Altenpflegeschule. Referentinnentätigkeit für den Bayer. Hausfrauenverein im Kath. Deutschen Frauenbund.

Mein Sohn ist geistig behindert

Plädoyer für eine Kirche für die »Kleinen«

Ich wurde als vierte Tochter von fünf Kindern in eine »gut-katholische« Familie hineingeboren. Meine Eltern hatten die Sturm- und Drangzeiten der neu-auflebenden jungen katholischen Kirche nach dem Zweiten Weltkrieg mitgemacht. Theologische Gespräche waren bei uns zu Hause so sehr an der Tagesordnung, daß mir im Religionsunterricht kaum neue Dinge vermittelt wurden. Ich kannte die meisten biblischen Geschichten schon, und auch bei sonstigen, die Religion betreffenden Fragen wurde ich stets als »Notnagel« aufgerufen, wenn's wieder mal keine/r wußte.

Unsere Heimatpfarrei – sie wurde von Augustiner-Patres betreut – galt schon zur damaligen Zeit als sehr fortschrittlich. Es gab regelmäßig Kinder- und Jugendgottesdienste, Jugendgruppen und Zeltlager, und irgendwie war es eine Selbstverständlichkeit, daß alle meine Schwestern (und somit später auch ich) Jugendgruppenleiterinnen wurden. Wir hatten recht freie Hand, mußten nicht, wie sonstwo oft üblich, um den Schlüssel fürs Jugendheim kämpfen oder um die Durchführung gemischter Zeltlager. Einmal im Jahr trafen sich abwechselnd in verschiedenen Städten und jeweils unter einem bestimmten Motto Jugendliche aller Augustiner-Pfarreien ganz Deutschlands. Es wurden Arbeitskreise angeboten, aber auch der Spaß kam nicht zu kurz. Ich denke, daß gerade diese Treffen in einer Phase, in der man Gemeinschaft und Anerkennung auch außerhalb der Familie braucht, mich stark beeinflußt und mir ein positives Gefühl gegenüber Kirche und Glauben vermittelt haben. Unvergeßlich sind mir die Abschlußgottesdienste dieser Jugendtreffen. Da wurde viel diskutiert, auch die »Alten« wurden – zu deren Schrecken meist – miteinbezogen. Wir versammelten uns um den Altar, umarmten uns, tanzten und sangen. Oft mußte erst der Ruf aus der jeweiligen Klosterküche erfolgen, wir sollten aufhören, das Essen würde sonst verkochen, ehe wir ein Ende finden konnten. So wuchs ich eigentlich recht glücklich und »behütet« heran. An den Grundfesten des Glaubens bzw. der Kirche zu zweifeln oder sie in Frage zu stellen, hatte ich keine Veranlassung.

Mit 19 Jahren lernte ich dann meinen späteren Mann kennen, der evangelisch ist. In vielerlei Hinsicht mußte ich mich nun mit Dingen neu auseinandersetzen, die für mich früher nie zur Diskussion standen. Dadurch, daß mein Freund nicht nur evangelisch war, sondern auch aus einer eher kirchenkritischen Familie stammte, wurde ich gezwungen, Althergebrachtes neu zu überdenken, manchmal auch zu verteidigen.

Das Ereignis jedoch, das mich und meine Beziehung zur Kirche, zu Gott und dem Glauben allgemein am stärksten beeinflußt und verändert hat, trat drei Jahre nach unserer Hochzeit ein, als unser Sohn Arno zur Welt kam. Nach einigen Operationen stellte man an seinem ersten Geburtstag endgültig fest, daß er geistig behindert ist. In der darauffolgenden Zeit wurde ich immer wieder gefragt, ob dieses Ereignis nicht meinen Glauben erschüttert habe. Aber so erstaunlich es klingen mag: Fragen wie »Warum tut uns Gott das an?«, »Womit haben wir das verdient?« tauchten bei mir nicht auf. Im Gegenteil: Ich spürte eher eine Stärkung durch den Glauben. Als ich zum Beispiel unser neun Wochen altes Söhnchen das erste Mal dem Narkosearzt in sein grünes OP-Tuch legte und Abschied nehmen mußte, da fiel mir, wieder zurück in unserem Krankenzimmer, nichts weiter ein, als das »Vaterunser« zu beten. Als ich an dem Satz »Dein Wille geschehe« ankam, stockte ich, er kam mir nicht leicht über die Lippen. Doch nachdem er gesprochen war, spürte ich eine enorme Erleichterung und Zuversicht: Ich muß mich nicht für alles verantwortlich fühlen, ich kann Gott etwas überlassen, ich kann eine Last abgeben.

Als unser Sohn 1¼ Jahre alt war, schloß ich mich in unserer neuen Pfarrei, in die wir 1987 umgezogen waren, dem Kindergottesdienstteam an. Ausschlaggebend war die Methode (die sogenannte Kett-Methode), nach der hier Kindergottesdienste gestaltet werden und die die Chance bietet, daß auch behinderte Kinder einen Platz in der Gemeinde finden können. Danach werden alle Sinne der Kinder miteinbezogen: Sie dürfen fühlen, schmecken, riechen, singen, bauen, tanzen, malen. Die Kinder sollen sich wohl fühlen und Gemeinschaft erleben.

Daneben setzte ich mich auch für die Errichtung einer integrativen Kindergartengruppe ein (behinderte und nichtbehinderte Kinder können hier mit- und voneinander lernen). Ich dachte mir, daß gerade ein kirchlicher Träger sich hierfür als erster und am stärksten einsetzen müßte. Doch ich wurde enttäuscht. Was mußte alles an Vorurteilen abgebaut, an Überzeugungsarbeit geleistet werden, und was kostet es heute noch an Nerven und Kraft, dieses Projekt, das noch keineswegs realisiert ist, nicht »einschlafen« zu lassen!

Bei der Suche nach Ursachen für diese Haltungen und dieses Verhalten wurde mir klar, daß es zwischen gesellschaftlichen Verhältnissen und kirchlichen Machtstrukturen einige Parallelen gibt. Auch in der (Amts-)Kirche zählen Leistung, Zahlen und Prinzipien meist mehr als Geduld, Hingabe, Verzeihen-Können, Wärme und Liebe. Inzwischen wächst – trotz meines Engagements – meine Kritik an dieser so starren »Amtskirche«. Aber auch die starre, manchmal (fast) grausame Haltung von »Mit-Christen« läßt mich immer wieder erschrecken. Fragen, wer gesündigt(!) habe, wenn »so ein« Kind geboren wird, oder das Unverständnis von Gottesdienstbesuchern, wenn Kinder oder gar Behinderte am Sonntagsgottesdienst hörbar teilnehmen, zeigen dies in aller Deutlichkeit.

Warum bleibe ich trotzdem? Vielleicht fällt die Antwort leichter, wenn ich mir das Gegenteil vorstelle: Was wäre, wenn es keine Kirche gäbe? Was würde mir fehlen?

Zunächst würden mir sicher die Gottesdienste, besonders an den großen Festen des Kirchenjahres, fehlen. Selbst wenn die Predigt »frau« nicht »vom Hocker reißt«, so ist mir doch diese eine Stunde in der Woche wichtig, um einmal ungestört beten und nachdenken zu können. Sicherlich spielt da ein großes Stück Gewöhnung eine Rolle und viele sagen: Beten kann ich auch im Wald. Aber die Frage ist: Würde ich's da auch tun? Und: Ein gewisser feierlicher Rahmen tut meiner Seele einfach gut.

Ein weiteres: In der Kirche finde ich auch Menschen, die ähnlich wie ich denken, wenn es zum Beispiel um Fragen

der Genforschung bzw. allgemein um die Fragen geht, was »machbar« und »erlaubt« sein soll mit Mensch, Tier und Umwelt, Gottes Schöpfung eben.
Ein sehr gewichtiges Argument für ein Engagement in dieser so umstrittenen Kirche ist, daß ich nur etwas »von innen heraus« verändern kann. Gerade weil mich so vieles an der Kirche stört, darf ich sie nicht stillschweigend verlassen, wenn mir noch etwas an ihr liegt. Sonst überlasse ich das Feld den Ewig-Gestrigen, den Ängstlichen und Kleingläubigen. Es wird nur dann eine weiblichere, eine nicht mehr so männlich-fixierte Kirche (und einen ebensolchen Glauben) geben, wenn wir Frauen »drinnen« bleiben und uns Gehör verschaffen.
Und ich bleibe in der Kirche, weil ich eine kinder- und behindertenfreundlichere Kirche wünsche. So stellen für mich die Kindergottesdienste und Kinderbibelwochen einen zentralen Punkt meines kirchlichen Engagements dar. Ich möchte Kindern Raum geben innerhalb dieser Kirche, sie Glauben und Gemeinschaft spüren lassen. Sie sollen Liebe erfahren dürfen und daß es da »einen« gibt, der sie so annimmt, wie sie sind, für den sie persönlich wichtig sind. Dies gilt insbesondere auch für Behinderte. Sie dürfen – wie alle anderen »Randgruppen« und als Getaufte (!) – nicht versteckt werden (und sich nicht selber verstecken) oder – wie das zum Beispiel bei den Fürbitten oft noch geschieht – einfach verschwiegen werden. Gerade ihnen, den »Geringsten«, den »Letzten«, ist Jesus doch besonders nahe.
Ich bin mir sicher, daß Jesus unsere Kirche anders gewollt hat, als ich sie heute erlebe. Trotzdem ist sie für mich die »Gemeinschaft der Gläubigen«, die Jesu Frohe Botschaft über die Jahrhunderte weiterträgt. Auch ich habe im christlichen Glauben, zumindest annäherungsweise, Antworten auf die Fragen nach dem Sinn meines/des Lebens gefunden. Und dies ist wohl der wichtigste Grund für mein Ja zur Kirche.

Ursula Stier, geb. 1952 in München, verheiratet, drei Kinder, lebt in Gerbrunn. Studium der Pädagogik von 1974 bis 1980 in Würzburg; zur Zeit Hausfrau und Mutter; Mitarbeit in der Arztpraxis ihres Mannes. Ehrenamtlich tätig in der Erstkommunion- und Firmvorbereitung und in der Vorbereitung von Kindergottesdiensten.

Ausgetreten und wieder eingetreten: Manchmal muß man wohl gehen, um heimkommen zu können

Vor meinem jetzigen Engagement in unserer Pfarrgemeinde lebte ich jahrelang in totalem Bruch mit der Kirche. Obwohl in christlich-katholischer Tradition erzogen, entwickelte sich bei mir während meiner Jugend eine sehr kritische Haltung gegenüber der Institution Kirche. Ziemlich bald nach Beginn meines Studiums trat ich dann aus. Der Pomp der Kirche angesichts der Armut in den Entwicklungsländern, die Rückständigkeit vieler ihrer Verantwortlichen und die Unbeweglichkeit der Institution angesichts der rapide sich verändernden gesellschaftlichen Verhältnisse, welche nach Veränderungen auch innerhalb der Kirche verlangten, all dies verursachte einen solchen

Willen zu orientieren. Aus dem Vertrauen auf seinen Geist lebt mein Engagement in unserer Kirche und im christlichen Miteinander. Gott gibt jedem von uns viele Chancen, wir müssen sie nur ergreifen und Ihm und seiner unendlichen Liebe vertrauen, womit kein »Friede-Freude-Eierkuchen-Glauben« gemeint ist. Die Enttäuschung, der Schmerz, ja die Verzweiflung und Angst gehören zu unserem Leben hier auf Erden nun einmal dazu. Aber Gott gibt mir Kraft, daran nicht zu verzweifeln und zu zerbrechen. Was kann mich schrecken, ich weiß, daß Gott mich trägt. – Und dies möchte ich auch an unsere Kinder weitergeben.

BEATE SUCHER-FREY, geb. 1965 in Bühl, verheiratet, lebt in Achern. Von 1985 bis 1988 Ausbildung zur Gemeindereferentin am Seminar für Gemeindepastoral und Religionspädagogik in Freiburg. Tätig als Gemeindereferentin.

Als Frau in der Kirche – und dann auch noch hauptamtlich!

Pfingstsonntag 1993 – Die Predigt im Gottesdienst beginnt mit den Worten: »Herzlichen Glückwunsch – Sie haben Geburtstag« – Wie bitte, denke ich, was ist das nun schon wieder für ein besonderer Gag? Na ja, meine Aufmerksamkeit hat der Pfarrer auf jeden Fall damit geweckt. »Sie alle«, fährt er fort, »sind kraft Ihrer Taufe ein Teil der Kirche«. – Ach ja, mal wieder das Allgemeine Priestertum aller Getauften – es macht sich immer gut, einen Satz aus dem 2. Vatikanum in seiner Predigt zu haben.
»Und heute ist praktisch der Beginn der Kirche – denn wir feiern, daß Jesus seinen Jüngern den Heiligen Geist gesandt hat und sich somit die Kirche entwickeln konnte.« Was? Jünger? Heiliger Geist? Kirche? Mein feministisch inspiriertes Denken schaltet sich ein.

Jünger – hat Jesus seinen Geist wirklich nur Männern gesandt?
Zu Hause schlage ich gleich die Bibel auf Apg 1,12–14: »Dann (nach der Aufnahme Jesu in das Reich seines Vaters) kehrten sie vom Ölberg (...) nach Jerusalem zurück. Als sie in die Stadt kamen, gingen sie in das Obergemach hinauf, wo sie nun ständig blieben (...). Sie alle verharrten dort einmütig im Gebet, zusammen mit den Frauen und mit Maria, der Mutter Jesu, und mit seinen Brüdern.« Im Kapitel zwei wird dann das Pfingstereignis beschrieben.
Also, dachte ich es mir doch gleich, Jesus war schon immer für Gleichberechtigung, doch leider sind die Frauen dann auf den meisten Pfingstbildern der christlichen Kunst vieler Jahrhunderte verlorengegangen. Und leider nicht nur auf den Bildern, sondern auch im Denken und in der Sprache der Kirche – und das, obwohl die Frauen eigentlich viel treuer zu Jesus standen als die Jünger; – und das, obwohl die Frauen dabei waren, als der Geist Jesu, die im Hebräischen weibliche Ruach, die zurückgebliebenen Freunde Jesu stärkte, motivierte, tröstete. Irgendwie macht mich der »Glückwunsch« in der Predigt nachdenklich. Möchte ich überhaupt ein Teil dieser Kirche sein, die so mit ihrer eigenen Geschichte, ihren Anfängen umgeht?
Bei meiner Arbeit als Gemeindereferentin werde ich ab und zu gefragt, wie ich es als junge moderne Frau schaffe, in der heutigen Kirche zu arbeiten. Ehrlich gesagt: Es gibt Momente, Stunden, Tage, an denen ich mir diese Frage selbst stelle. Warum habe ich mich sogar für einen Beruf in der Kirche entschieden und mich damit auch der hierarchischen Ordnung der unterschiedlichen Ausbildungen und Berufungen unterworfen? Warum nur engagiere ich mich als hauptamtliche Laiin oft sogar über die 38,5 Stundenwoche hinaus in dieser Kirche, obwohl sich fast nichts bewegt? Warum nur überlege ich mir jedes Jahr ein neues Konzept, um Neunjährigen und deren Eltern das Sakra-

ment der Eucharistie näherzubringen, obwohl die Kirche diesen Menschen oft fern ist? Warum nur lasse ich mich immer wieder kritisieren wegen unglaubwürdiger Repräsentanten der Amtskirche, obwohl Jesus dieses ganze System wohl kaum so gründen wollte? Warum nur versuche ich als Frau immer wieder zu Wort zu kommen, verbrenne mir den Mund, lasse mich schief ansehen, obwohl sich viele Ordinierten in ihrer »Mutter«-Kirche doch nichts sagen lassen? Warum?

Weil mir das Evangelium – die frohe Botschaft Jesu Christi und dessen Verbreitung, also die Weitergabe des Glaubens – wichtig ist, weil ich der Überzeugung bin, daß der Glaube an Gott, seinen Sohn und seinen Geist den Menschen zu einem geglückten Leben verhelfen kann, wenn sie sich darauf einlassen.

Daß es in »der Kirche« auch Negatives gibt, das habe ich so richtig erst während meiner Ausbildung und vor allem in den Jahren meiner Berufsausübung erlebt und erkannt, etwa die Probleme in der Zusammenarbeit mit Priestern, dem Bischof, Ordinariatsleuten. So mußte ich mir erst vor kurzem wieder einmal sagen lassen, daß der Bischof zuerst einmal mein Bischof sei, dann erst mein Bruder im Glauben. Aber auch an der »Basis« gibt es Probleme; z. B. haben noch immer Christen (und oft sind es gerade Frauen), mit mir als Frau im pastoralen Dienst Schwierigkeiten. Es gibt immer noch Gruppierungen und einzelne, denen das Kommen des Pfarrers mehr bedeutet als die Anwesenheit der Gemeindereferentin.

Wenn dies aber meine einzigen Erfahrungen mit Kirche wären, würde ich mir eine andere Arbeit suchen. Da ich aber Kirche als das Volk Gottes sehe und erlebe – in allen Getauften, in der Pfarrgemeinde, in meinen Grundschülern, Erstkommunionkindern und Jugendlichen, den Frauen und Männern, die sich in der Kirche engagieren – sage ich ja zur Kirche.

Und ich kann dies noch immer tun, weil ich noch Mut

und Kraft zum Träumen habe. Eine meiner Visionen ist die Geschwisterlichkeit in der Kirche. Nicht nur die Amtsträger sollten uns Brüder sein, sondern wir alle sollten einander Schwester und Bruder sein. Ich träume von einer Kirche, in der ich sein darf, wie ich bin, in der gute Traditionen bewahrt, aber unnötige alte Zöpfe auch mal abgeschnitten werden. In meiner Traumkirche hat jede/r Getaufte ihre/seine Aufgabe übernommen, es gibt keine »versorgte« Gemeinde mehr, keinen Priester, der sich auf einen Sockel stellt oder stellen läßt, keinen Weihrauch-Gott, der nur an Hochzeiten, Taufe und Erstkommunion ins Leben der Menschen kommt. Ich träume davon, daß wir Frauen genauso unseren Platz haben wie die Männer; eine emanzipierte, also gleichberechtigte Kirche müßte es sein. Ich wünsche mir einen Gottesdienst, in dem ich sprachlich nicht nur »mitgemeint« bin, ein Hochgebet, in dem die ehrenamtlichen Mitarbeiterinnen und Mitarbeiter nicht vergessen werden. Die Diözesansynode von Rottenburg 1985/1986 macht zu diesem Thema folgende Aussage: »Bei allen Diensten, die von Laien wahrgenommen werden, haben Mann und Frau die gleiche Verantwortung und die gleichen Rechte. Deshalb ist uns die Frage des Dienstes der Frau in der Kirche besonders wichtig. Mann und Frau sollen ihre je eigenen Gaben in das Leben der Kirche und ihrer Gemeinde einbringen und gemeinsam Verantwortung übernehmen. Um dieses Ziel zu erreichen, ist alles zu tun, um dem Evangelium widersprechende Vorurteile abzubauen. Viele katholische Christen verstehen es nicht, daß die Frauen vom Weihepriestertum ausgeschlossen sind. Wir sind überzeugt, daß Gottes Geist in der Kirche jenen Impulsen Raum geben wird, die dem Evangelium und seiner Weitergabe am besten dienen. Dafür sollen alle im Volk Gottes mit ihren Gaben und Fähigkeiten Werkzeug sein.«
Nichts als Träume? Unrealistische Vorstellungen? Vielleicht ja, aber ohne sie könnte ich meine Arbeit als Ge-

meindereferentin nicht ausüben. Mein Glück ist, daß ich mit einem Priester und mit Menschen einer Pfarrgemeinde arbeite, die gleiche oder ähnliche Vorstellungen haben. So sind einige meiner Träume in unserer »Kirche vor Ort« schon wahr geworden. Ich wende mich von der heutigen Kirche (noch) nicht ab, weil ich die Hoffnung habe, daß sich die Menschen und eben auch unsere Brüder, die ein Weiheamt innehaben, auf die zentrale Botschaft Jesu, auf das eu-angelion, die Frohe Botschaft, besinnen: Ich trage die Hoffnung in mir, daß sich die Kirche noch ändern kann, wenn wir uns mehr von Jesus und seinem Geist führen ließen. Die Kirche jeder Zeit, also auch die des 20. Jahrhunderts, muß sich ihrer Verpflichtung den Ursprüngen gegenüber bewußt werden, denn da, in der sogenannten Urkirche, kurze Zeit nach dem Tod Jesu, besaßen Frauen das Amt der Gemeindeleitung, standen sie dem Gottesdienst vor, bildeten tragende Säulen im Gemeindeleben, da begann sich die Verheißung des Propheten Joël zu erfüllen: Eure Söhne und Töchter werden Propheten und Prophetinnen sein.

Darum kann ich die Gratulation des Priesters annehmen, wenn er sagt: »Herzlichen Glückwunsch zum Geburtstag.«

ELISABETH TOCHA-RING, geb. 1956 in Eschwege, verheiratet, drei Kinder, lebt in Fürstenfeldbruck. Studierte Geschichte, Englisch und Russisch für das Lehramt am Gymnasium von 1975 bis 1983. Auslandsaufenthalte: 1978/79 in England als »assistant teacher«, 1983/84 in Moskau als Studentin; zur Zeit Hausfrau und Mutter. Gibt Deutschunterricht für ausländische Frauen und Männer. Engagiert in der Pax-Christi-Bewegung.

Warum möchte ich Tobias taufen lassen?

Die Taufe unseres Sohnes steht bevor, ein Anlaß für mich als Mutter, den Automatismus der Sakramenten-Inanspruchnahme zu durchbrechen und mir Gedanken über die Hintergründe dieses Schrittes zu machen. Die Taufe demonstriert ja die elterliche Bereitschaft, das Kind im Glauben, und zwar im Sinne des kirchlichen Glaubens, zu erziehen. Warum möchte ich, daß Tobias dieser Kirche angehört? Welche Möglichkeiten für seine eigenen Glaubenserfahrungen und seine Lebensgestaltung sollen ihm durch die Taufe eröffnet werden? Was sind es für eigene Erfahrungen, die mir den Mut für ein solches Unterfangen geben und die Gewißheit, daß es sich lohnt – weiß ich doch, wie schwierig es für christlich und kirchlich ge-

prägte Eltern ist, ihren Kindern mehr zu vermitteln als Rituale, Formeln, Bilder, nicht nur Erwartungsdruck zu erzeugen, sondern lebendige Nachfrage zu provozieren?
Meine eigene katholische Sozialisation in der Kindheit und Jugend war eher dazu angetan, in eine Art fromme Lethargie zu verfallen als einen dynamischen Glaubensprozeß in Gang zu setzen. Ich empfand Kirche zwar nicht als etwas Bedrohliches oder Angstmachendes, aber als zwanghaft, freudlos, langweilig und lästig, auch wenn ich nicht immer den Mut hatte, mir dies einzugestehen.
Doch trotz aller Kritik an einer Kinder oder Jugendliche überfordernden oder gar nicht erreichenden religiösen Praxis bin ich dankbar für die Selbstverständlichkeit, mit der Kirche und Glaube im Elternhaus wichtiger Lebensvollzug waren, für die Vertrautheit mit religiöser Praxis, die vorhanden war, noch bevor ich mich selbst entscheiden konnte und mußte. Denn so entstand die Grundlage für die Bereitschaft oder, vermutlich eher, für das Gefühl der Verpflichtung, auch später als junge Erwachsene die kirchlichen Gebote zumindest teilweise zu erfüllen.
Konkret heißt das, daß ich dann zu Studienbeginn den Kontakt zur Katholischen Studentengemeinde suchte und ich erfahren konnte, was und wie Kirche auch sein kann. Neben den Gottesdiensten, die sich in Form und Inhalt grundsätzlich von allem bisher Erlebten unterschieden, gab es diverse Arbeitskreise, die thematisch, karitativ, musisch oder kontemplativ ausgerichtet waren und deren Mitglieder versuchten, das Evangelium umzusetzen und im eigenen Leben wirksam werden zu lassen. Die Struktur dieser Gemeinde war demokratisch, Männer und Frauen waren gleichberechtigt, zumindest, was die Mitwirkungsmöglichkeiten der Laien betraf. Die Bekanntschaft mit der Studentengemeinde fiel zusammen mit einer Aufbruchstimmung, wie sie sicher typisch ist für den Prozeß der Lösung vom Elternhaus, mit Wohnortwechsel, Beginn eines neuen Lebensabschnittes, Erwachsen-

werden. So war es in jeder Hinsicht eine sehr intensive Zeit mit endlosen Diskussionen über Gott und die Welt, in der prägende Einsichten und Grundüberzeugungen gewachsen sind.

Um so jäher war dann der Absturz in die »Niederungen« einer »normalen« Ortsgemeinde, der ich nach meinem Umzug in eine andere Stadt angehörte. In einer Sonntagspredigt verkündigte der Pfarrer, daß der betreffende Ortsteil von einem schweren Hagelsturm verschont geblieben war, weil die Gemeinde seit dem 19. Jahrhundert regelmäßig Wallfahrten abhielt... Auf der Suche nach einer Gemeinde, die mir Heimat sein konnte, fand ich dann durch »Mund-zu-Mund-Propaganda« eine andere Ortspfarrei, zu der ich formal zwar nicht gehöre, die ich jedoch als »meine« Gemeinde betrachte. Dort findet sich ein bißchen von dem Lebensgefühl und der Ausrichtung der Studentengemeinde wieder: lebendige Gottesdienste, viele verschiedene Arbeitskreise, ein offener und liberaler Pfarrer, der Raum läßt für Entwicklungen, eine Reihe engagierter Menschen mit ähnlichen Grundüberzeugungen wie die meinen.

Damit hat für mich eine Entwicklung ihren Abschluß gefunden, bei der für meinen Glauben und die Möglichkeiten, ihn zu leben, die ganz konkrete Pfarrgemeinde vor Ort, mit ihrem Pfarrer und ihren Mitgliedern, ausschlaggebend ist. Die Kirche als Apparat mit ihrer Hierarchie, ihrem Dogmatismus, ihren männlich-zölibatären Funktionsträgern, die ich oft als intolerant und unglaubwürdig erfahren habe, ist im Laufe der Zeit immer mehr in den Hintergrund getreten, und Äußerungen kirchlich-abgehobener Würdenträger, gleich welchen Ranges, versetzen mich nicht einmal mehr richtig in Zorn.

So steht für mich also auf der einen Seite die Emanzipation von »Mutter Kirche« – wieso halte ich dann aber auf der anderen Seite dennoch an ihrem Rockzipfel in Form »meiner« Pfarrgemeinde fest? Da sind zum einen die Got-

tesdienste. Ich genieße einfach das selbstverständliche Dazugehören, die entspannende Vertrautheit mit dem Ritual, das durch aktuelle Inhalte, die mich oft betroffen machen, lebendig und ansprechend bleibt. Ich brauche zum Beten einen bestimmten Rahmen, den mir der normale Alltag in dieser dichten Form nicht bietet. Eine Predigt regt mich zum Denken an, bringt Erhellung, neue Aspekte, Zustimmung, Widerspruch, völlige Ablehnung. Von einem guten Gottesdienst zehre ich lange.
Da sind zum anderen die Menschen, denen ich in der Friedensgruppe der Gemeinde begegnet bin, die sich am Leben Jesu orientieren und konsequent und engagiert ihren Weg der kompromißlosen Parteinahme für andere gehen. Diese Menschen machen mir Mut, an dem festzuhalten, was ich für richtig und gut erkannt habe. Sie sind mir Vorbild bei dem Bemühen, einen Weg unbeirrbar zu gehen, sich für etwas einzusetzen mit dem Wissen um die Möglichkeit des eigenen Scheiterns und der eigenen Machtlosigkeit, und es trotzdem zu versuchen, ganz unspektakulär, jeder nach seinen Fähigkeiten und Möglichkeiten. Und vielleicht gelangt man so ein kleines Schrittchen vorwärts auf dem Weg zu den biblischen Verheißungen von Frieden, Gerechtigkeit, Bewahrung der Schöpfung. Denn Christsein hat in erster Linie etwas mit dem Leben zu tun, mit dem Leben hier auf Erden, mit der Lust auf und am Leben, mit der Fähigkeit, diese Lust am Leben auch in paradoxen, entmutigenden oder niederdrückenden Situationen bewahren oder sogar entwickeln zu können. Christsein kann froh machen, ja es kann Spaß machen. Ich wünsche meinem Sohn Tobias und meinen anderen Kindern, daß sie einmal einen Ort in dieser Kirche finden, wo sie das erfahren können. Und ich hoffe, daß ich mit meinen Kindern unseren Glauben so leben kann, daß sie einmal diesen Ort in der Kirche für sich suchen werden.

Susanne Traber-Jauch, geb. 1957 in Meßkirch, verheiratet, zwei Kinder, lebt in Konstanz. Ausbildung zur Bankkauffrau 1973–1976, 1976–1980 Abteilungsleiterin. 1980–1983 Mitarbeiterin im Jugendreferat des Erzbischöflichen Seelsorgeamtes in Freiburg; 1982–1985 Studium der Religionspädagogik am Seminar für Gemeindepastoral in Freiburg, 1985–1987 Gemeindereferentin in Konstanz, 1988–1989 Religionslehrerin, anschließend Kinderpause und Abitur auf dem 2. Bildungsweg. Seit 1993 wieder Religionslehrerin (Teilzeit); engagiert in nichtkirchlichen Frauengruppen.

Ich bin zwar nicht immer ihrer Meinung, aber ich werde immer dafür kämpfen, daß sie ihre Meinung sagen darf

Es hätte eine Szene aus einem pastoraltheologischen Seminar während meines Studiums vor zehn Jahren sein können: Mit einem Dutzend junger Frauen, alles »Mütter-Kolleginnen«, diskutierte ich Themen, die uns in dieser Lebensphase bewegen. Auch die Kirche kam »dran«. Dabei stellte sich heraus: Zwei von uns haben ihre Kinder taufen lassen – die anderen brauchen das entweder nicht mehr oder haben persönliche Probleme mit der Kirche und konnten sich deswegen nicht dafür entscheiden. Pro-

bleme habe ich auch. Massiv. Trotzdem bleibe ich dabei. Im Laufe des Gesprächs stellte sich heraus, daß einige stolz darauf sind, »modern« und das heißt für sie: nicht in der Kirche zu sein; das Bekenntnis »Ich bin Atheist« ist nicht nur in unserem Bekanntenkreis salonfähig geworden. »Ich bin Christ« bringt einen jedoch oftmals geradezu in einen Artgumentationsnotstand.
Vielen meiner Bekannten paßt es nicht ins Bild von mir als junger, emanzipierter Frau, daß ich an etwas festhalte, was sich nicht nur für meine Generation schon lange selbst überlebt hat. Kirche ist altmodisch, weltfremd, hält einen am Gängelband, ist was für die, die ihr Leben ohne Führung von und Orientierung an anderen nicht schaffen. Also »mega-out«. – Gut, dann bin ich das auch.
Meine, unsere Kinder sind getauft, weil wir, mein Mann und ich, ihnen etwas zusagen wollten, was wir alleine nicht gut schaffen könnten. Deshalb, weil zu einer ganzheitlichen Erziehung ebenso wie die Förderung von musischen und kreativen Fähigkeiten eben auch der Respekt vor der Sehnsucht nach etwas Tragendem, Transzendentem gehört – und diese Sehnsucht haben auch schon Kinder. Deshalb, weil unsere Kinder, um »später entscheiden zu können, ob und zu welcher Kirche sie gehören wollen«, zumindest eine Möglichkeit kennen müssen.
Wir sind auch kirchlich getraut. Nicht, weil ich sonst in meinem Beruf als Hauptamtliche in der Kirche keine Chance gehabt hätte, sondern weil es uns wichtig war, uns nicht nur auf uns selbst verlassen zu müssen, als wir uns für ein gemeinsames Leben entschieden.
Anfangs hat es mich Mut gekostet zu reagieren, mußte ich Luft holen, fühlte ich mich auch persönlich angegriffen, wenn abfällige Bemerkungen über die Kirche, hauptsächlich die katholische, und ihre Mitglieder fielen. Inzwischen habe ich Routine darin, mich nicht zu verteidigen, sondern es als mein Recht und als durchaus durchdachte Entscheidung zu vertreten, daß ich eben eine von

denen bin, »die das Ganze auch noch unterstützen« – wenn auch mit geteiltem Herzen.
Meine »Ekklesiogenese« ist bis zur Geburt meiner Kinder eine typisch katholische Bilderbuchkarriere: geboren in einem sehr religiösen Elternhaus, aufgewachsen in einer sehr katholisch geprägten Kleinstadt, Klosterschule, Sonntags- und alle anderen Gottesdienste einschließlich Maiandachten, Prozessionen, Beichten (während andere Kinder spielen oder sogar fernsehen durften). Das Leben meiner sieben Geschwister und meines war eingebettet in und kontrolliert von katholischen Normen: morgens, mittags, abends gemeinsames Gebet, Weihwasser vor dem Weggehen; schon als Kinder kannten wir vorwiegend Kirchenlieder. Von der strengen Sexualmoral mit all ihren Auswirkungen für das spätere Leben blieben wir ebenfalls nicht ausgeschlossen. Wenn wir den Pfarrer oder die Gemeindeschwester auf der Straße sahen – eine tiefe Kniebeuge und ein verschämt gemurmeltes »Gelobt sei Jesus Christus«. Später dann Frohscharmitglied, Gruppenleiterin, Pfarrjugendleiterin, vielversprechende Bankkarriere, aufgegeben zugunsten einer solchen in der Kirche, Studium der Religionspädagogik und Gemeindepastoral, Hauptamtliche in der Gemeinde und Religionslehrerin an verschiedenen Schulen.
Nach der Geburt unserer beiden Kinder erfolgte dann der »Karriereknick«. Die Kinder nehmen mich so in Beschlag, daß ich zu Hause bleibe und mich um ihre Erziehung kümmere – zu mehr würden weder Zeit noch Lust reichen. Sonntagmorgen ist der einzige Tag, wo weder mein Mann noch ich um ½7 Uhr aufstehen müssen, wo wir uns das einzige Mal in der Woche zum gemeinsamen Frühstück treffen. Sonntagsgottesdienste um 9 oder auch 10 Uhr sind ganz einfach zu früh für uns. Wir haben noch Auswahl hier in Konstanz, also sieht man uns selten in unserer »Heimatgemeinde«, wir gehen dafür mit den Kindern dort in die Messe, wo es uns zeitlich paßt und wo

wir auch mit ihnen willkommen sind – oder wir gehen eben auch öfters mal nicht. Das gefällt uns zwar nicht; besonders ich vermisse einfach auch die Ruhe und das bloße Da-sein-Können vor Gott in der Kirche – aber es ist im Moment anders nicht gut machbar. Im übrigen bin ich zu der Überzeugung gekommen – nicht, weil es bequem ist, sondern weil ich jetzt in der Lage bin zu verstehen, was ich früher als Hauptamtliche nie verstehen konnte, wenn die Familiengottesdienste um 9 Uhr gähnend leer waren –, daß Kindererziehen auch eine Form von Gottesdienst ist. Ich weiß: Eine aufmüpfige Bemerkung, die nicht gerne gehört wird. Ich kann dazu stehen.
Auch dazu, daß ich und meine Familie inzwischen genau zu der »Randgruppe« gehören, die man, pastoraltheologisch betrachtet, »beseelsorgen« müßte. Ich will aber im Moment die Pause und den Abstand und bin noch nicht bereit, meine Fähigkeiten ehrenamtlich in die Gemeinde einzubringen. Wer bisher sein Leben damit zugebracht hat, sich ständig in der Kirche zu engagieren, sich müde gekämpft und immer wieder weitergeträumt hat, braucht Abstand. Zur rechten Zeit kommt die Energie zur Aktivität wieder. Ich sehe das nicht als Mißbrauch der Freiheit an, zu der Christus berufen hat (Galaterbrief), sondern als Entscheidung darüber, welches im Moment mein Weg ist, wie ich mit meinen Erfahrungen mit Gottes Wort und meinem Gewordensein im Glauben umgehen darf – in der Kirche. Zwar am Rand oder auf einem der letzten Plätze, aber doch darin, mich dazugehörig fühlend.
Wenn man stark von etwas geprägt ist, lange mit jemand zusammen war, vieles gemeinsam erlebt hat, gibt es natürlich neben all dem Positiven, das zum eigenen Werden beigetragen und Profil verschafft hat, auch eine Menge an Ecken und Kanten, Reibeflächen, die buchstäblich Herz und Nerven aufgerieben haben und wehtun. Wer sich stark engagiert, ist auch sensibler für Veränderungen. Ich verstehe jeden, der von der Kirche enttäuscht ist und ihr

den Rücken kehrt. Ich weiß, daß es Machtgerangel und Demütigungen gibt, daß nicht nur autoritätsbewußte Pfarrer, sondern auch Gemeindemitglieder einem das Mittun verleiden können. Daß vieles, was wichtig wäre, nicht getan werden kann, weil Strukturen es verhindern. Daß eigene Meinung und eigenes Gewissen manchmal viel zu wenig Platz haben dürfen.

Ich kenne aber auch – vielfach die negativen Erfahrungen aufwiegend – das Gegenteil: Geachtet werden für eigene Meinung und eigenen Stil, auch wenn es völlig entgegengesetzt ist zu dem, was man bisher kannte. Hinstehen, Hinterfragen, nicht alles mit sich machen lassen werden akzeptiert. Mein Frau-Sein wird nicht nur als Möglichkeit zum »Entweder-Heilige-oder-Hure-Sein« gewertet, sondern als bereichernde Möglichkeit, in die Kirche Wertvolles und Unverzichtbares einzubringen. Ich habe erlebt, wie Gespräche oder auch nur einzelne Gedanken verändernde Kraft haben, Mut machen und Menschen weitere Möglichkeiten eröffnen können.

»Die katholische Kirche hat überall ihre Finger drin, redet in zu vieles rein, aber da, wo gehandelt werden müßte, ist sie unfähig, schweigt.« – Ich höre so oft diesen Einwand. Ich empfinde es manchmal auch so, und auch, daß nicht so sehr Empfehlungen und »Verlautbarungen« – gerade was die Sexualmoral anbelangt – nötig sind, sondern mehr Verständnis für die Realitäten des Lebens und mehr Achtung vor der Entscheidung des einzelnen, vor dem Gewissen, dem »Gott in uns« – höchste Instanz für das ethische Handeln des Menschen auch in der katholischen Kirche. So sehr ich das Eintreten für das ungeborene Leben begrüße: zu AIDS, Homosexualität, vielen sozialen Problemen, zur Kriegs- und Friedensfrage hat die Kirche wenig Realistisches und Durchführbares zu sagen.

Aber: Sie hat in der Tat überall da das Recht und die Pflicht, sich einzumischen, wo es um den Menschen geht und darum, daß es ihm gutgeht. Überall da, wo der

Mensch seine Verantwortung vor Gott erkennen soll, überall da, wo es um die Konsequenzen für die Erde, auf der er lebt, und für die Menschen, mit denen wir leben, geht, ist ihr Wort als Auslegung des Wortes Gottes und als Auslegung des ethischen Imperativs »Werde, der du bist« wichtig und nötig. Könnten die vielen Erklärungen und Veröffentlichungen, so sehr sie in Teilen mißfallen mögen, nicht auch einmal positiv auf diese Aspekte hin untersucht werden, im Hinblick auf die Sorge um das Wohl des Menschen?

Für mich hat die Kirche auch heute noch durchaus Vernünftiges zu sagen. Die Tatsache, daß sie sich jetzt 2000 Jahre gehalten hat, daß sie trotz entsetzlichen Versagens unzähligen Menschen während allen Zeiten Hoffnung und Vergebung und Lebenssinn aufgezeigt hat, das Wort Gottes unter die Menschen gebracht und vielerorts bessere Lebensbedingungen mitgeschaffen hat, zeigt doch, daß da wirklich Gottes Heiliger Geist am Werk ist.

Ich staune immer wieder, wie sehr das Leben mit der Kirche und das Leiden an der Kirche Biographien beeinflussen kann. Ich selbst habe in dieser Kirche vieles erlebt, was sich subjektiv gesehen als kleinere Katastrophe für mich ausgewirkt hat: Es gab arge Enttäuschungen, ich habe mich immer wieder vergeblich müde gekämpft und sehr oft keinen Erfolg meiner Arbeit gesehen. Aber all das hat mir zu einem eigenen Profil verholfen, mich auch ein Stück gelassener gemacht – und ich hoffe (selbstironisch), daß mir auch diese vordergründig negativen Erfahrungen einmal mit zu Weisheit verhelfen.

Aussteigen, sich heraushalten, den Mund halten, nichts mehr sehen und hören wollen verändert gar nichts und ist nicht unpolitisch. In einem anderen Sinnsystem gibt es vermutlich ganz ähnliche Probleme.

Ich bin, die ich bin, auch durch die Tatsache, daß Kirche, die katholische Kirche, in meinem Leben immer eine Rolle gespielt hat. Und das ist gut so.

Claudia Walz, geb. 1961 in Sinsheim, verheiratet, lebt in Freiburg. Studium der Sozialpädagogik (FH) von 1981 bis 1985 in Freiburg; zur Zeit tätig als Kinderfrau in einer Familie mit fünf kleinen Kindern. Angehende C-Kirchenmusikerin; engagiert als Teilzeitorganistin, Chormitglied und Solistin.

Mein Mann ist geschieden – Bin ich ausgeschlossen?

Bevor ich ein Ja oder ein Nein zu Kirche aussprechen kann, muß ich zunächst den Begriff als solchen für meine Überlegungen eingrenzen auf das, was für mich davon lebbar geworden ist im Laufe meines bisherigen Lebens. Kirche heißt für mich zunächst »Gemeinschaft der Gläubigen«. Kirche kann da ein Ort sein, wo ich mit anderen gemeinsam einen Weg zu Gott suche, wo ich durch die Gemeinschaft mit Menschen in ihnen eine Transzendenz, ein »Mehr« hinter den Dingen, erkennen darf. Wesentlich dabei ist, daß ich Kirche nicht auf einen bestimmten Ort dieser Erde beschränken kann, sondern daß der gemeinsame Glaubenshintergrund eine grenzüberschreitende Verbindung zwischen Menschen verschiedenster Natio-

nalitäten schafft, so wie ich es zum Beispiel in Taizé erleben konnte.
Als Tochter höchst religiöser Eltern wurde ich schon von Geburt an mit religiösen Normen und Werten sehr stark konfrontiert. In der naiven Art eines Kindes übernahm ich viele dieser Vorgaben fraglos und fühlte mich darin aufgehoben, daheim. Feste Normen und Regeln bieten zunächst ja in ihrer Unbedingtheit auch eine große Sicherheit. Auch die Kirchengemeinde war für mich immer der Ort, wo ich Geborgenheit fand, wo ich mich als Mensch mit meinen Charismen angenommen und geschätzt wußte. So zentrierten sich meine Energien und Aktivitäten bis ins junge Erwachsenenalter hinein hauptsächlich auf den Kreis der Pfarrgemeinde meines Heimatortes, wo ich meine musischen Fähigkeiten in Jugendarbeit, Kirchenchor und Organistendienst voll entfalten konnte. Ich fühlte mich als Teil eines großen Ganzen, aufgehoben in dem Bewußtsein, gebraucht, geliebt und anerkannt zu sein. Die religiösen Inhalte gehörten da einfach untrennbar und beinahe kritiklos übernommen dazu. Ich war ein wichtiges Glied des großen Leibes Kirche, bekam meine Lebenslegitimation durch den Einsatz meiner Fähigkeiten für die große, gute Sache.
Das Blatt wendete sich, als ich eine Beziehung zu einem in Scheidung lebenden Mann einging und ihn später heiratete. Plötzlich stimmte mein Leben nicht mehr mit der kirchlichen, das heißt mit der katholischen Norm überein. Die daraus erwachsenden Konsequenzen sollte ich hart zu spüren bekommen. Was bisher selbstverständlich gewesen war, der Empfang der Kommunion und das Inmitten-einer-Gemeinde-Sein, sollte mir genommen werden.
Mit der geweihten Hostie verbinde ich ein Teilhaben an der Gnade *des* Christus, der uns Erlösung versprochen hat. Dieses Teilhaben, untrennbar von der Gemeinschaft mit anderen Menschen, hatte ich bis dahin als Quelle der Kraft und des Trostes empfunden. Davon wollte man

mich jetzt abschneiden. Aber: Kein Gesetz dieser Welt sollte mir dies nehmen dürfen! So entschied ich mich einerseits bewußt aus eigenen Stücken für eine weitere Zugehörigkeit zur Gemeinde, auch bei den Gottesdiensten und dem Gang zur Kommunion. Andererseits aber wurden das kirchliche Recht und die Normen der Amtskirche zum Stachel in meiner Seele, wogegen ich mich wehrte und mir neue Gesetze ohne Kirche schuf: Nur ich und mein »ganz persönlicher Gott« hatten hier das Sagen. (Mir ist natürlich bekannt, daß das kirchliche Recht in dieser Frage auf die Weisung Jesu zurückgeht; Mk 10,6–9. Aber etwa die sogenannte Unzuchtsklausel zeigt, daß schon zur Zeit der Abfassung des Matthäusevangeliums Probleme mit dieser Weisung entstanden und dafür eine Lösung gefunden werden mußte; Mt 19,9. Ich würde mir einfach wünschen, daß die Kirche dem Beispiel Jesu folgte und etwas von jener Barmherzigkeit erkennen ließe, die Jesus der Ehebrecherin, den Zöllnern, Dirnen, Sündern usw. entgegenbrachte und die seine menschliche Existenz »ist«.)
Als dann später auch noch mein Berufswunsch, bei einer kirchlichen Stelle eine Arbeit zu finden, durch meine Bindung an den geschiedenen Partner vereitelt wurde, bohrte der Stachel mehr denn je. Daß ich mich dennoch nicht von dieser Kirche abwandte, lag an der flehentlichen Hoffnung, daß der Gott des Christentums ein haltender, verzeihender und verstehender Vater ist, der Gnade und Güte gerade da verkörpert, wo Menschen versagen. Wichtig war auch, daß ich gerade in dieser Zeit in ihr doch auch Menschen fand, die mir im Gespräch und auch sonst tatkräftig zur Seite standen. Auch das ist Kirche: Da ist eine Gleichgesinnung im Suchen spürbar; mitten in der weitverbreiteten »No future-Stimmung« gibt es Menschen, die hoffen, weil sie die Gnade haben, glauben zu dürfen. Und es gibt nicht nur jene, die meinen, die Wahrheit für sich gepachtet zu haben. Da gibt es andere, die

offen sind für Fragen, Zweifel, Ängste und Wut. In meinen Nöten fand ich tatsächlich bei einem Priester Beistand, trotz der inneren Ablehnung, die dieses in der katholischen Kirche meiner Meinung nach so hochgespielte Amt in mir auslöst.
Aber wieder mußte ich Phasen großer Ängste, Unsicherheiten bis hin zur Depression des Nicht-glauben-Könnens durchleben und konnte nur mit großer Anstrengung die von außen übergestülpten Glaubensbilder abschütteln.
Übrig blieb nach all den Kämpfen ein recht nacktes, kahles Wesen, wie der Baum, der zur Winterzeit bar aller Blätter nur in den Knospen die Ahnung auf duftende Blüten und spätere Früchte in sich trägt. Mein zwar schwaches, aber glücklicher- (oder besser gesagt) gnädigerweise vorhandenes Urvertrauen konnte, wie der Baum, neues Leben, neue Formen des Glaubens reifen lassen.
Die Früchte darf ich noch lange nicht ernten. Zu viele hemmende Faktoren machen sich nach wie vor breit. So lasse ich mich immer wieder entmutigen von kleinkarierter Cliquenwirtschaft in den Pfarreien, erbarmungslosen Machtkämpfen um Geltung und Ansehen und auch von allzu menschlichen Schwächen verschiedener Geistlicher. Und trotzdem: Sie läßt mich nicht los, diese Kirche! Ich bin gleichsam gefesselt an die Menschen, mit denen ich gemeinsam versuchen darf, ein sinnvolles und erfülltes Leben zu leben. Immer wieder werde ich »be-geistert«, im reinen Sinn des Wortes mit Geist erfüllt durch gnadenvolle Begegnungen. Hier kann ein gemeinsamer Geist wehen, Liebe praktiziert werden entgegen der Ellenbogenmentalität einer »freien Marktwirtschaft«. Kirche soll und kann Raum geben für Minderheiten, für schwache und hilfsbedürftige Menschen, die im Alltag wenig Chancen auf ein Überleben haben. Mir bleibt letztlich die ganz zentrale Erfahrung, daß Kirche ein Ort sein kann, wo Menschen mit- und füreinander leben im Auftrag einer höheren Instanz, die Christus heißt.

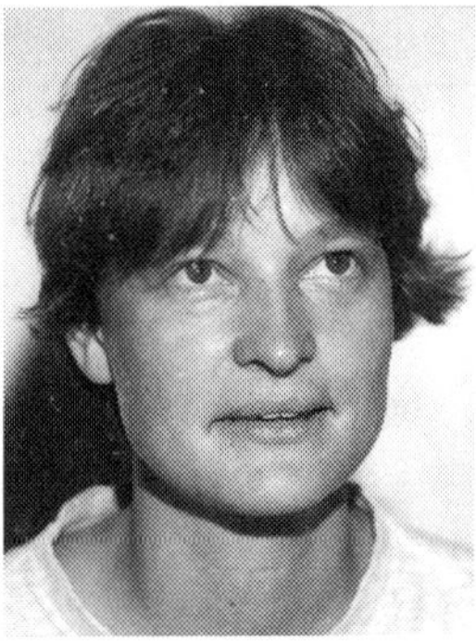

RUTH ZENKERT, geb. 1962 in Schwäbisch Hall, lebt in Wien. Sie arbeitete von 1981 bis 1984 als Programmiererin. 1984 Besuch der Bibelschule in Israel, anschließend Studium der Religionspädagogik von 1984 bis 1988 in Eichstätt. Seit 1988 Leiterin des Jugendhauses der Caritas in Wien, ab 1993 u.a. auch Einsatz beim Straßenkinderprojekt in Bukarest.

An den Grenzen leben – und sie überschreiten

Leben im Jugendhaus der Caritas in Wien

Als eines von fünf Kindern bin ich in meiner Familie in einer behüteten Atmosphäre aufgewachsen und einer Welt begegnet, die gesund und wohlgeordnet war. Meine Eltern waren es auch, die mich in die Kirche hineingeführt haben. Die täglichen Tisch- und Nachtgebete, das Kreuz an der Wand, die Sakramente, die Messen am Sonntag und viele kleine Zeichen im Alltag machten mich mit einem Gott – und seiner Kirche – vertraut, der mich bis heute trägt, liebt, herausfordert und befreit von den Fesseln der Welt. So ist für mich die Kirche ein Ort, wo ich zu Gott finde, Geborgenheit in ihm und Gemeinschaft mit Menschen erfahre.

Aber ich wurde auch in eine Kirche hineingeboren, in der die Fragen nach der Gleichwertigkeit und dem Selbstverständnis der Frau immer heftiger werden. Ich möchte es anderen überlassen, auf die vielen Irrtümer und Machtkonflikte näher einzugehen. Für mich zählt, was in der Bibel steht. In der Bibel hat die Frau eine große und für die Heilsgeschichte entscheidende Rolle. Für Paulus etwa war es – ganz im Gegensatz zu den Normen seiner Zeit – selbstverständlich, daß Frauen Zutritt zu den Versammlungen in seinen Gemeinden hatten und dort reden durften. Wohin er kam, spielten Frauen ein entscheidende Rolle, zum Beispiel wohnte er im Haus der Lydia in Philippi (Apg 16,15). Vor diesem Hintergrund sind seine Aussagen zu lesen, um ihn nicht falsch zu interpretieren. Und genau dieser Paulus hat mich angelockt, in seiner Art, an die Grenzen zu gehen und sie zu überschreiten.

Paulus hat als Grenzgänger in gegensätzlichen Welten gelebt mit dem Ziel, diese miteinander zu versöhnen. Er war den Juden ein Jude, den Griechen ein Grieche, den Schwachen ein Schwacher. Seinen Namen Scha' ul hat er sein ganzes Leben getragen, wenn er im jüdischen Milieu lebte. Er ist in das griechisch-römische Weltreich hinausgegangen und hat dort als Paulus eine alternative Schule gegründet. In den Großstädten hat er Menschen zusammengeführt, damit sie im Zusammenleben und in der gegenseitigen Anerkennung und Hilfe eine (alternative) Antwort auf die damaligen Probleme finden konnten. Es ist ihm gelungen, den Glauben an den einen Gott aus der jüdischen in die ihr völlig fremde »moderne« griechische Kultur zu bringen. Er hat die Spannungen und Widersprüche in seiner eigenen Person – als Jude – ausgehalten und hat all das in Texten niedergeschrieben, die heute überall dort, wo es um Grenzüberschreitungen oder neue Grenzerfahrungen geht, wieder lebendig werden. Paulus

hat Grenzen überschritten, weil er die Botschaft vom befreienden Gott Israels weitertragen wollte. Eine Lebensberufung, die mich angesteckt hat.
In meinem Beruf als Programmiererin war ich unzufrieden. Ich sehnte mich nach mehr. Ich war auf der Seite der Satten, Reichen, die scheinbar alles haben, und fühlte mich zu den Armen, Fragenden, Suchenden hingezogen. Ich wollte – als Reiche – zu den Armen. Nach dem Absolvieren der Bibelschule in Israel studierte ich Religionspädagogik und wurde dann Mitarbeiterin im Jugendhaus der Caritas in Wien (JUCA). Schnell wuchs ich in die Gemeinschaft hinein und übernahm vor fünf Jahren die Leitung.
Das JUCA beherbergt obdachlose, haftentlassene, drogensüchtige junge Männer. Gleichzeitig wohnen hier junge Menschen aus dem sogenannten bürgerlichen Milieu, die ehrenamtlich mitarbeiten. Obdachlose berühren so die Welt der guten gesunden Familien, und die behüteten Jugendlichen kommen mit den Süchtigen, Verlassenen, Einsamen in Kontakt. Durch diesen Austausch werden beide Seiten gesund: Sie finden Sinn in ihrem Leben und bereichern sich gegenseitig.
Hier im JUCA leben, das heißt arbeiten, essen und beten wir miteinander, hier versuchen wir gemeinsam, den Alltag zu bewältigen. Darin besteht die Resozialisierung. Oft muß ich den Neuankömmlingen lehren, wie sie ihr Zimmer einrichten und sauberhalten, wie man ein Bett macht, die Waschmaschine bedient, den Boden aufwischt, ein Hemd bügelt, die Hosen flickt, die Fingernägel schneidet. In den kleinen unscheinbaren Momenten und Worten zeigen wir einander die Ernsthaftigkeit unserer Lebensgemeinschaft. Wenn Christian morgens zur Arbeit geht, braucht er jemanden, der ihm aus dem Fenster winkt, wenn er heimkommt, muß er erzählen, was alles passiert ist. Mario geht am Abend nicht ins Bett, ohne mir »Gute Nacht« zu sagen. Für viele ist es das erste Mal, daß sie an

ihrem Geburtstag gefeiert werden. Zu den schönsten Tagen im Jahr gehört der Weihnachtsabend, an dem wir alle spüren, daß wir eine große Familie sind.
In ihren Lebensgeschichten und in der Gesellschaft sind unsere Schützlinge immer die Verlierer, weil sie die Schwächeren sind. Darum brauchen sie einen Ort, an dem nicht Macht und Stärke herrschen. Bei uns siegen Charme und Liebe. Werner ist ein breitschultriges Schwergewicht. Er kommt hin und wieder betrunken nach Hause, dann fürchtet man sich leicht vor ihm, weil er alle bedroht. An solchen Abenden ist es mir immer nur mit Zärtlichkeit und Wärme gelungen, ihn in sein Bett und zur Ruhe zu bringen. Wenn ich ihn an der Hand führe und ihm sage, daß er schöne Augen hat, dann muß er plötzlich nicht mehr beweisen, daß er der Stärkste und Beste ist. Ich habe das »Glück«, daß ich den Schützlingen körperlich meistens nicht gewachsen bin. So lösen wir die Konflikte durch meine Schwachheit oft sanft und friedlich. Und oft schon hat ein Schützling die Faust gegen einen anderen zurückgezogen, um mir einen Gefallen zu tun – und damit letztlich sich selbst gerettet. Noch etwas: Ich muß und kann inzwischen auch mit einer Tatsache umgehen, die unseren Alltag prägt: Diese Tatsache ist, daß die Gescheiterten kaum eine größere Chance haben, endgültig in eine bürgerliche Existenz zurückzukehren. Die Frage nach dem Erfolg würde hier zerstörerisch wirken, es geht vielmehr um das tägliche Ertragen und Aushalten des Elends und um die Möglichkeit eines Neuanfanges.
Unsere Gemeinschaft wird getragen von verschiedensten Menschen und deren Begabungen. Da treffen Menschen in Not auf Menschen, die in der Sehnsucht leben, gerade diese Not zu lindern. Das gemeinsame Gebet hält uns aufrecht und führt uns zusammen – mit Gott und den Mitmenschen. Unser gelebter Glaube ermöglicht uns eine neue Gemeinschaftserfahrung – eine Erfahrung von Kir-

che. Dieser Glaube wiederum gibt Kraft, heute im Sinne des Evangeliums auf die Fragen der Zeit zu antworten und so Mitarbeiter Gottes zu sein.
Was aber unser Haus lebendig macht, ist die Begegnung von verschiedenen Lebenswelten: von gescheitertem und normalem Leben, von der Not und von der Sehnsucht nach Linderung. Es ist die Sehnsucht, Ausgrenzungen und Belastungen zu verändern, die unsere Gesellschaft prägen und denen wir ohnmächtig gegenüberstehen.
Gerade unter dieser Rücksicht erlebe ich die Liturgie in unserem Haus als Mitte unseres Lebens. Wir beten zusammen das tägliche Stundengebet, wir feiern jeden Tag zusammen die Messe. Bei dieser Feier werden alle, die da sind, aktiv. Das Gebet sind vor allem unsere Sorgen und unser Dank, die die Mitarbeiter und Schützlinge vor Gott bringen. Die wilden Burschen von der Straße verwandeln sich beim Ministrieren in Gottesdiener, in Engel. Rauchige Stimmen erheben sich zum Gesang, es spielt keine Rolle, ob und wie falsch gesungen wird. In unserer Kapelle kommen viele zum Weinen, aus Verzweiflung oder aus Glück, und dann kommt auch die Freude, die uns zum Lachen bringt. Ich erlebe unser Haus als einen Ort, an dem die Seite des Gefühles, auch bezüglich des Glaubens und der Liturgie, die Mitte ist. Hier fühle ich mich wohl und angenommen.
In unserem Haus, in unserer Lebensgemeinschaft, leben wir alle an Grenzen – und überschreiten sie. Wo Grenzen überschritten werden, geschieht Heilung und Versöhnung. Diese Erfahrungen sind uns immer bewußter und unentbehrlicher geworden. Sie verdichten sich zu einer Spiritualität, die uns ganz ja sagen läßt zu einem Leben an den Grenzen.
Grenzen sind gut und notwendig, sie müssen von Institutionen gesetzt werden, damit sie ihren speziellen Aufgaben gerecht werden können. Auch die Kirche ist eine Institution – aber mit dem einzigartigen Merkmal, daß sie

durch Jesus eine Offenheit und Weite bekommen hat, die nicht an Statistiken und anderen weltlichen Maßstäben haften. Die Kirche darf »himmlische« statt weltliche Dimensionen voraussetzen, weil sie mit Gott rechnen darf. Sie hat den Auftrag, Grenzen und Mauern zu überspringen. Und diesen Auftrag versuchen wir im Jugendhaus der Caritas in Wien als Kirche spürbar und lebbar zu machen.

Waltraud Zimmer, geb. 1950 in Baden-Baden-Neuweier, verheiratet, zwei Kinder, lebt in Bühl. Ausbildung zur Friseuse, tätig in diesem Beruf bis 1971. Nach einer 15jährigen Kinderpause arbeitet sie nun im Sekretariat des Geistlichen Zentrums Sasbach. Ehrenamtlich tätig in der Erstkommunion- und Firmvorbereitung, Jugendarbeit und im Besuchsdienst ihrer Pfarrei.

Mit den Aufgaben wachsen die Kräfte und Fähigkeiten

Glauben können und – trotz einiger Vorbehalte – ja sagen können zur Kirche empfinde ich heute als Geschenk. Ein Geschenk, das mir hilft, mein Leben in allen Bereichen bewußter zu leben und zu gestalten. Ein Geschenk, das mich frei macht von vielen Zwängen und Ansprüchen unserer Gesellschaft. Dies war nicht immer so. In meiner frühen Kindheit habe ich Glauben vor allem durch meine Mutter und Großmutter erfahren. Durch einfache Dank- und Bittgebete zur Begleitung durch den Tag, durch das spürbare Vertrauen: »Der Herrgott wird uns schon helfen, er weiß alles.« Mit der Schulzeit änderte sich jedoch vieles: Neben dem Religionsunterricht kam nun auch der regelmäßige Kirchgang hinzu. Soweit ich die Predigten in den Sonntagsgottesdiensten verstand, war hier nun nicht mehr vom »lieben Gott«, zu dem man Vertrauen haben kann, die Rede, sondern vom »strafenden Gott«, der alle Verfehlungen sieht und mit Hölle und Fegefeuer bestraft. Der Religionsunterricht, so schien es mir, bestätigte dieses Gottesbild. Außerdem wurde mir – wir mußten die biblischen Geschichten und Absätze aus dem Katechismus öfters auswendig lernen – der Unterricht durch eine sehr autoritäre Lehrweise vergällt.

Wo anfänglich viel Vertrauen gewesen war, wich dieses nun der Angst. Angst vor Sünde, Angst davor, Spaß zu haben bei etwas, das nicht erlaubt sein könnte. Mechanisch ging ich alle vier Wochen zur Beichte, um für einige Stunden erleichtert zu sein und dann doch wieder den Sünden zu »verfallen«. Was mir blieb, waren die Maiandachten, bei denen nie über Hölle und Fegefeuer gesprochen, dafür aber schöne Lieder gesungen wurden. In meiner Jugendzeit schwänzte ich dann zunehmend den Sonntagsgottesdienst, was mir ein oft unerträglich schlechtes Gewissen eintrug. Von diesem schlechten Gewissen ließ sich ausgezeichnet dort ablenken, wo es laut und abwechslungsreich zuging: So verbrachte ich die Wochenenden in Kinos und Tanzlokalen und unter Freunden, die zum Teil ganz kirchenfern lebten.

Und doch ließen sich die kindlichen Erfahrungen mit dem Glauben in meinem Innern nicht ganz totschweigen – die Verbindung zu Gott riß nicht ab, auch wenn er mir zu der Zeit nach wie vor wie ein rachsüchtiger Gott erschien. Erst mit dreißig Jahren – ich war inzwischen schon zehn Jahre verheiratet und hatte zwei Kinder – war ein Neuanfang möglich. Von der Pfarrei, in der wir nun wohnten, wurde ich um Mitarbeit bei der Erstkommunionvorbereitung des kommenden Jahrganges, bei dem auch meine Tochter dabei war, angefragt. Mehr überrascht als überzeugt sagte ich zu. Was mir sehr wichtig schien, war das Vertrauen, das man mir seitens der Pfarrleitung entgegenbrachte, obwohl ich bisher alles andere als ein »aktives« Gemeindemitglied gewesen war.

Der Kirchgang zu Weihnachten oder vielleicht auch noch zu Ostern war im Grunde alles, was mich mit der Kirchengemeinde verband, und mehr eine »Verzierung« gewesen als echtes Bedürfnis. Als ich zusagte, ging es mir wohl zunächst einmal darum, dieses Vertrauen zu rechtfertigen. Nach dem Fest der Erstkommunion meiner Gruppe spürte ich, daß etwas in mir aufgebrochen war, das nach einer Vertiefung verlangte. Auch konnte ich nicht zu meiner früheren Gleichgültigkeit zurückkehren; ich wollte vor meinem Kind, das ich ja in der Gruppe mitvorbereitet hatte, wahrhaftig sein. So war es für mich selbstverständlich, zuzusagen, als man bei mir einige Zeit später auch wegen der Vorbereitung einer Firmgruppe anfragte.

Und etwas Eigenartiges geschah. Wie schon bei der Vorbereitung auf die Erstkommunion war ich auch hier nicht einfach Lehrende, sondern eine zugleich Lernende. Wie ein ausgetrockneter Schwamm sog ich alles in mich auf, was ich las, sah und hörte, um Schritt für Schritt, Lektion für Lektion, zu begreifen und zu verstehen.

Die Firmung meiner Gruppe vollzog ich in meinem Innern als meine eigene nach. Doch noch immer hatte ein Gottesbild in mir Raum, das mich noch nicht ganz ja sagen ließ zu Gott und der Kirche, war da noch viel Mißtrauen und Abwehr. Und so war ich wohl ein umgepflügtes, aber brachliegendes Feld für das Saatgut von Menschen, die mir nun begegneten. Es waren Menschen, die den Glauben auf eine einfache, aber überzeugende Weise lebten. Menschen, von denen ich mich so, wie ich war, angenommen fühlte. Die nicht nach dem Woher oder Wohin fragten, sondern mir einfach ihre Türen öffneten. Hier konnte ich meine Ängste, meine Fragen, meine Anklagen aussprechen und bekam ehrliche Antworten. Ich spürte ein starkes Miteinander unter ihnen, eine Gemeinschaft, die gerade auch in schwierigen Situationen trägt. Ich sah ihren Einsatz für die Kirche, für ihre Mitmenschen und fühlte mich angezogen. Und ich erkannte, daß es möglich ist, Kirche mitzugestalten: nämlich da, wo ich hingestellt bin und Verantwortung trage. Ich spürte, daß Engagement nötig ist und daß mir mit den Aufgaben auch die Fähigkeiten und Kräfte zuwuchsen, die ich dafür brauchte.

Das alles bewirkte auch, daß ich hintergrundloses und oberflächliches Geschimpfe über die Kirche längst nicht mehr gelten lasse. Es gab und gibt einiges in der Kirche, womit ich mich schwertue, was mir wehtut. Die Kirche war und ist nicht vollkommen. Ich sehe die Kirche aber auch als ein Spiegelbild der Menschen, die zu ihr gehören. Da gibt es bei aller Unbeweglichkeit und allem Versagen viel Bemühen, ehrlich gelebten Glauben, viel wegweisend Gutes, hoffnungsvolle Aufbrüche. Und ich habe erkannt, daß Gott ein barmherziger Gott ist, daß er Liebe ist und daß er mit dieser seiner Kirche ist und sein wird, immer auch erkennbar an den Früchten des Glaubens und dem daraus erwachsenden Handeln.